Tudo sob controle

Título original: *It's All Under Control: A Journey of Letting Go, Hanging On, and Finding a Peace You Almost Forgot Was*

Copyright © 2018 por Jennifer Dukes Lee

Publicado originariamente por Tyndale House Publishers, Inc., Carol Stream, Illinois, EUA.

1ª edição: junho de 2023

Tradução
Regina Aranha

Revisão
Francine Torres (copidesque)
Patrícia Murari (provas)

Capa
Julio Carvalho

Projeto gráfico e diagramação
Sonia Peticov

Editor
Aldo Menezes

Coordenador de produção
Mauro Terrengui

Impressão e acabamento
Imprensa da Fé

As opiniões, as interpretações e os conceitos emitidos nesta obra são de responsabilidade da autora e não refletem necessariamente o ponto de vista da Hagnos.

Todos os direitos desta edição reservados à
Editora Hagnos Ltda.
Rua Geraldo Flausino Gomes, 42, conj. 41
CEP 04575-060 — São Paulo, SP
Tel.: (11) 5990-3308

E-mail: hagnos@hagnos.com.br
Home page: www.hagnos.com.br

Editora associada à:

Dados Internacionais de Catalogação na Publicação (CIP)
Angélica Ilacqua CRB-8/7057

Lee, Jennifer Dukes
 Tudo sob controle: entregue a Deus o comando de sua vida e descubra uma nova maneira de viver / Jennifer Dukes Lee; tradução de Rema Aranha. — São Paulo: Hagnos, 2023.

 Título original: It's All Under Control: a Journey of Letting, Hanging on & Finding a Peace You Almost Forgot was Possible

 ISBN 978-85-7742-422-1

 1. Cristãs - Vida religiosa
 2. Mulheres - Vida cristã
 3. Providência divina
 I. Título
 II. Aranha, Regina

23-3351   CDD 248.83

Índices para catálogo sistemático:
1. Cristãs - Vida religiosa

Dedicatória

Para Scott,

Meu fazendeiro favorito,
aquele que me ensinou que,
independentemente de qualquer coisa,
Deus sabe o que faz.

Endossos ❖ **9**

Introdução ❖ **13**

1. Convite ❖ **15**
A AJUDA PELA QUAL SUA ALMA EXAUSTA ANSEIA

2. Ilusão ❖ **35**
O MOTIVO PELO QUAL SOMOS COMO SOMOS

3. Impressionante ❖ **53**
QUANDO ESTAR "NO CONTROLE" SAI DO CONTROLE

4. Superpoderes ❖ **69**
DESCOBRINDO SEUS PONTOS FORTES,
SUA KRIPTONITA E AQUELE LIMITE QUE
TODOS TENDEMOS A CRUZAR

5. Fique firme ❖ **81**
ENCONTRANDO A CORAGEM PARA FAZER
DE FATO COISAS DIFÍCEIS

6. Abrindo mão ❖ **95**
ENCONTRANDO A FORÇA PARA ABRIR MÃO

7. Mudança de plano ❖ **113**
POR QUE TODA MANÍACA POR CONTROLE PRECISA
TIRAR DEUS DE SUA LISTA DE TAREFAS

8. Sem pistas ❖ 129
O QUE FAZER QUANDO A LISTA DE TAREFAS
DE DEUS NÃO FAZ SENTIDO

9. Espaço ❖ 143
ESTÁ NA HORA DE "FAZER, DELEGAR OU DESCARTAR"

10. Ajuda ❖ 155
AS TRÊS MELHORES PALAVRAS QUE VOCÊ PODE
DIZER PARA AFROUXAR SEU CONTROLE

11. Espere ❖ 173
APRENDENDO A PARAR QUANDO QUISER
FORÇAR A MARCHA PARA SEGUIR EM FRENTE

12. Inteira ❖ 187
RELAXANDO O CORPO, A MENTE E A ALMA

13. Descanso ❖ 201
O VERDADEIRO MOTIVO POR QUE VOCÊ SE
SENTE OCUPADA, MAS NÃO PRODUTIVA

14. Garantia ❖ 217
PLANOS, ANSEIOS E UMA PROMESSA

Agradecimentos ❖ 231
Código de Controle Contínuo ❖ 235
As três personagens de controle ❖ 239
Árvore da decisão ❖ 245
Fazer, delegar ou descartar ❖ 246
Sobre a autora ❖ 247

Endossos

As palavras de Jennifer, essa mulher incomparável, me fazem sentir envolvida em um abraço carinhoso de pura graça com uma xícara fumegante de chá em nossos recônditos mais necessitados de alento. Essas páginas a reconfortarão muitíssimo, a farão rir — e apenas respire e sinta o alívio de não ter de carregar tudo. Somos amadas, acolhidas e carregadas nas mãos mais perfeitas de todas — as mãos dele — e Ele tem o mundo todo em suas mãos e sob seu controle digno de confiança. A obra *Tudo sob controle* é a dádiva pela qual sua alma ansiava — sinta como se os braços amorosos dele estivessem sob você, carregando-a através de tudo.

ANN VOSKAMP
Autora de best-sellers do *New York Times*, *The Broken Way* e *One Thousand Gifts*.

É como se Jennifer entrasse em nossa mente. Ela sabe o que é ser controlada por uma armadilha e, com passos práticos, humor e estudo penetrante da Escritura, conduz-nos a uma percepção bíblica de como entregar o controle da nossa vida diária a um Salvador real e confiável.

RUTH CHOU SIMONS
Artista e autora do best-seller *GraceLaced*; fundadora de GraceLaced.com.

Se você é uma controladora insuportável como eu, tenha cuidado; este livro é para você. Falo por experiência quando digo que este livro mexerá com sua vida e ajudará você a liberar o controle ferrenho que mantém em tudo que tenta gerenciar. E essa será a melhor coisa que pode acontecer a você.

LISA-JO BAKER
Autora do best-seller *Never Unfriended*.

Todas nós temos nossas técnicas de camuflagem, nossos disfarces engenhosos e nossas justificativas bem formuladas de por que o mundo não funciona muito bem se renunciarmos a nosso cargo de Reparadoras do Nosso Próprio Universo. Graças ao Senhor por Jennifer ler nossos e-mails proverbiais e escrever um mapa compassivo para nos tirar de nosso esforço insuportável, conduzindo-nos da exaustão interior ao descanso confiante. E ela não aponta o caminho de sua elevada posição teológica. Ela pega gentilmente nosso coração como uma amiga de confiança e o guia. Se você precisou de um lugar para enviar sua renúncia de Rainha de Garantir que Coisas Totalmente Fora do Meu Controle Ainda Deem Certo comece aqui.

ANITA RENFROE
Autora e comediante; maníaca por controle em recuperação.

Tentei tanto e por tanto tempo ser a esposa, mãe e amiga perfeita — e só consegui me sentir vazia e desesperada. Podemos abrir mão do controle e descobrir uma nova maneira de viver e de amar. O livro de Jennifer, página após página, falou diretamente ao meu coração. Se você quer mudar, este livro é o primeiro passo perfeito.

LISA LEONARD
Designer de joias e escritora.

Vivemos em um tempo em que parece haver uma forma de controlar e traçar cada movimento da nossa vida. Jennifer Dukes Lee entende exatamente como isso pode ser avassalador para o coração das mulheres cristãs de hoje. Quando parece que o peso do mundo está sobre nós, *Tudo sob controle* oferece esperança para a mulher que quer entregar tudo nas mãos de Jesus. Para a mulher que sente como se coubesse a ela garantir que tudo vá bem, para a mulher que tem dificuldade de dizer "Preciso de ajuda", para a mulher que está tão ocupada amando tanto a família que sente como se passasse correndo por Jesus, este livro é um manual prático e poderoso de como viver livre.

BECKY THOMPSON
Autora de *Hope Unfolding*, *Love Unending* e de *Truth Unchanging*.

Jennifer é uma artesã das palavras e mestra das metáforas — e faz isso mais uma vez em seu terceiro livro. Se você, por ter medo de que algo não saia

ENDOSSOS

de acordo com o plano, vive constantemente sob a égide da ansiedade e do estresse, este livro é para você! Jennifer, em seu estilo gentil, mas poderosamente convincente, lhe dá instrumentos e inspiração capazes de lhe ajudar a renunciar sua necessidade de controlar e administrar sua vida e a vida de todos. Neste livro revigorante e honesto, você descobrirá como se libertar de ser uma maníaca por controle.

CRYSTAL PAINE
Autora de *Say Goodbye to Survival Mode*, best-seller pelo *New York Times*; fundadora do MoneySavingMom.com.

Se você me perguntasse, eu diria que não tenho problema com controle. E estaria errada. Este livro me deu uma chave da qual nem eu mesma sabia que precisava, uma chave que tem me ajudado a me livrar do estresse, da pressão e da ansiedade. As palavras sábias, poderosas e encorajadoras de Jennifer são uma leitura obrigatória para a mulher que já se sentiu cansada ou devastada — em especial se você não entende por que se sente assim ou o que fazer a respeito.

HOLLEY GERTH
Autora do best-seller *What Your Heart Needs for the Hard Days.*

Jennifer Dukes Lee faz uma revelação para aliviar a pressão que poucas de nós já consideraram — não precisamos esconder, silenciar ou alterar quem Deus nos criou para ser, pelo contrário, devemos reorientar nossos dons e nossos desejos a fim de experimentarmos uma paz interior sem precedentes. *Tudo sob controle* mostra como parar de forçar, provar, apressar e controlar para que possamos começar a ser parceiras de Deus para honrar o belo plano que Ele tem para nossa vida. É uma vida de sentido, de paz, de propósito e de amor que ultrapassa qualquer coisa que poderíamos sequer planejar por nós mesmas.

RACHEL MACY STAFFORD
Autora de *Hands Free Mama, Hands Free Life* e *Only Love Today*; best-seller pelo *New York Times.*

Em um mundo no qual a pressa é rainha, as palavras de cura nestas páginas são um sopro de ar fresco. É um lembrete pungente para você tirar Deus de sua lista de tarefas, torná-lo uma parte de sua vida diária e aprender a abrir mão do controle — viver de acordo com o plano dele. *Tudo sob controle* vira você do avesso, examina seu coração, muda sua perspectiva e ajuda você a descobrir que *está* tudo sob controle porque Deus tem o comando de tudo.

KARIANNE WOOD
Autora de *So Close to Amazing* e *You've Got This (Because God's Got You).*

O controle é uma ilusão. Foi essa a mensagem que ouvi quando comecei a ler este livro, e é a mensagem confirmada por Deus, vez após vez, por meio das palavras de Jennifer em *Tudo sob controle*. Não tinha lido três páginas ainda quando fui dominada por toques do Espírito Santo. Para toda mulher que é paralisada pelo medo do futuro ou oprimida pela ansiedade de tentar organizar o hoje, *Tudo sob controle* é um texto convincente para modificar a vida e ter paz.

ERIN ODOM
Autora de *More Than Just Making It* e *You Can Stay Home with Your Kids!*; criadora do blogue *The Humbled Homemaker.*

Introdução

Escrevi este livro para uma mulher que conheço.

Ela quer uma vida com sentido. Quer conhecer seu propósito. Quer amar e ser amada.

Mas está cansada.

O que a exaure? Controlar e direcionar os resultados, e a correria, e administrar a impressão deixada nas pessoas. Ela não consegue deixar de lado o medo persistente em relação ao seu futuro e a crença prevalecente de que precisa ser a pessoa mais responsável de todas.

Ela está cansada.

Verdade, ela está cansada, mas não sabe como parar.

E ela faz o seguinte: mantém tudo sob controle; e também está sob controle, *muito obrigada*. Sempre sorrindo, mesmo quando está na fossa. E sempre *tudo está bem, muito bem*.

"Consegui isso", diz ela. E um monte de gente acredita nisso.

Mas ela não "conseguiu" nada. Seu exterior agradável não harmoniza com sua fadiga interior.

Até onde alcança sua memória, essa é quem ela tem sido. Aquela que conserta; que ajuda. Ela é alguém que diz sim. Acredita que o oposto de controle é confusão. Não sabe ainda que o oposto de controle é fé.

Ela é ocupada, ocupadíssima. Acha que isso a torna um ser humano completo. Mas às vezes a torna um ser humano pela metade — alguém parcialmente zumbi usando jeans com barra virada e brincos a preço de custo. Ela espera que esse disfarce esconda o caos que não está aparente.

Ela diz em tom tranquilizador que tem tudo sob controle. Mas para ser honesta, a vida parece fora de controle. E quanto mais fora de controle a vida fica, mais ela quer controlá-la.

Ela tenta relaxar — com um banho de espuma revigorante na banheira — mas esse descanso é uma ilusão. Em seu íntimo, ainda está administrando, formulando, antecipando.

Isso mesmo. Ela começa a sentir a espiral neste ponto, mas sabe que algumas coisas não podem ser diferentes. Não pode simplesmente dar um cartão vermelho para sua vida.

No entanto — e isso é realmente importante —, proponho que a vejamos por quem ela é de fato. Ela ama com fervor. Tenta manter tudo unido — *não* por causa de sua afinidade por uma vida ordenada, mas porque ama do fundo do coração. De fato, realmente do fundo do coração. É uma defensora fervorosa de sua família, de seus vizinhos, do homem sem-teto que fica na esquina, da criança faminta do outro lado do mundo. Ela derrama sua vida, como uma oferta, porque ama Jesus.

Contudo, ela se sente distante de todos eles. Fica tão ocupada cuidando, trabalhando, servindo e fazendo, que não ouve mais a voz de Deus.

Vive pelo medo, em vez de viver pela fé.

Preocupa-se com as coisas mais do que com orar por elas.

Ela quer abrir mão, mas não consegue.

Alguém consegue mostrar para ela por onde começar? Essa é a vida dela. Ela quer vivê-la.

Ela sou eu.

E talvez também seja você.

1

Convite

A AJUDA PELA QUAL SUA ALMA EXAUSTA ANSEIA

Se tivesse me perguntado há cinco anos, teria ingenuamente respondido que não tinha nenhum problema com o controle. Teria dito que era uma discípula de Cristo totalmente entregue a Ele. É sério, quero dizer, contanto que tudo andasse exatamente como queria que andasse, eu era totalmente flexível.

Eu não queria manipular Deus me envolvendo no ato mais fútil e inútil da humanidade: tentar controlar a trajetória da vida de alguém. E também não *queria* controlar as outras pessoas. (Está certo, está certo, posso ter sido aquele tipo de pessoa que na escola secundária assumia o comando e liderava todos os projetos do grupo e dizia aos outros o que fazer — e, depois, ficava magoada com todos por não se esforçarem.)

Queria principalmente controlar a *mim mesma*. Se já tive altas expectativas em alguém, foi em mim mesma. Queria apresentar a versão segura de si de todo meu ser. O que significa que ansiava controlar minhas emoções, meu corpo, minha alimentação, minhas palavras, minha família, minha agenda, meu futuro.

Minha preferência sempre foi ter uma vida organizada, previsível e segura na qual ninguém era ferido, na qual meus filhos permaneciam inteiros, na qual não havia mais sofrimento para ninguém, amém. Minha ânsia por ausência de sofrimento me fazia cuidar constantemente das provisões. Eu mantinha a rédea firme para jamais errar em minha vida.

Os antigos sistemas de enfrentamento, no entanto, não estavam funcionando.

Pouco depois de fazer quarenta anos, não consegui me livrar da verdade de que alguma coisa precisava mudar. O desejo de comandar obsessivamente o que aconteceria nos momentos ou nas horas seguintes estava me consumindo.

Eu não tinha mais combustível.

Talvez o tanque vazio fosse a maneira de Deus me fazer parar para que eu pudesse finalmente prestar atenção. Funcionou. Deus conseguiu minha atenção; e talvez esteja tentando conseguir a sua também.

Imagine que você esteja exaurida. Talvez, não seja tão difícil imaginar isso, pois você, como eu, está cansada de tentar manter tudo no lugar. Está exausta por querer manter tudo sob controle, mas nada sai conforme o planejado.

Se essa descrição se ajusta a você, imagine as coisas se desenvolvendo desta maneira:

Você está ao volante dirigindo a todo vapor, esforçando-se para chegar aonde precisa porque todos estão contando com você. O marcador ficou abaixo da reserva, e seu carro começa a falhar até parar, sem combustível, à beira de uma estrada de terra. Você está a quilômetros de onde quer estar.

Então você encosta a cabeça na direção. Era só uma questão de tempo. Aqui está você agora. Vazia.

Você, porém, não está sozinha.

Vê um homem caminhando pela estrada em sua direção. Quanto mais ele se aproxima, mais familiar ele parece — a expressão acolhedora no rosto, as mãos marcadas, as rugas em torno dos olhos. Você abre a janela, e ele lhe faz um convite, entregue enrolado como um pergaminho. Ele espera, mãos na cintura, sorrindo, porque finalmente conseguiu sua atenção.

O convite escrito à mão diz: "Você é cordialmente convidada a abraçar uma nova maneira de viver. A ajuda está aqui".

Sentada ao volante, você sente seu coração disparar, como se fontes de água quente explodissem em seu peito. Você raramente pede ajuda, embora, para ser honesta, você esteja precisando de auxílio há muito tempo.

Os olhos do homem cintilam quando lhe diz que pode ajudá-la a diminuir o ritmo frenético a fim de descobrir a vida para a qual foi realmente feita — uma vida de sentido, profundidade e propósito.

Quem não quer isso?

A alma dele implora por uma resposta afirmativa sua. Porque aonde quer que você vá, sente-se como se sempre estivesse a ponto de estourar de tanta pressão. Você está sempre com pressa, com os olhos fixos na dianteira, sem ver nada ao redor. Chega exausta a todos os lugares, com o tanque quase vazio, quase sem combustível. Você se lembra dos dias em que costumava completar sua corrida diária sentindo-se como se valesse um milhão de dólares? Você era motivada e cheia de energia, fazia as coisas acontecerem. Estava no jogo, e ninguém conseguia parar você. Correu sua corrida bem, não é mesmo, menina? Mas ultimamente, sente-se como se estivesse arrastando um saco de quarenta quilos com você.

E se o convite oferecer um jeito de viajar com menos peso e de ser, no fundo do coração, como foi feita para ser?

Você quer dizer sim, mas está assustada com o preço a pagar. Você é alguém responsável e focada como um raio laser. Nunca precisa de nada nem se sente carente. Muitas pessoas contam com você. Se aceitar o convite, para o que terá de dizer *não*? Qual das pessoas próximas terá de desapontar? Se você abrir mão de tudo que está controlando agora, o que pode se partir? Tudo isso parece novo e fora de controle, um lugar de mudança e instável para uma mulher que tem se esforçado para fazer todos acreditarem que está "tudo sob controle".

O convite é belo — mas não é seguro.

O homem à janela é Jesus. Você já sabia disso.

Você sabe que Ele não vai forçar você a mergulhar na vida para a qual foi feita, mas vai tentar abertamente atrair você. *Venha, venha,* diz Ele, *quero ajudar você.*

Esse é o convite que Ele nos faz, dar a ajuda pela qual sua alma exausta anseia.

Você vai aceitar o convite?

JESUS E SUA MANEIRA INCANSÁVEL DE AGIR

Aceitei o convite.

Seria louca se não aceitasse — e, agora que sei do que se trata, ninguém consegue me convencer do contrário.

Mas eu não sabia nada disso antes.

Sou o tipo de mãe que habitualmente anda com o tanque de combustível do carro quase vazio. Meu pior desempenho nessa área foi ficar com combustível só para dois míseros quilômetros.

Administrava minha vida do mesmo jeito, na correria, quase sempre sem nenhum descanso.

Quando finalmente acabou o combustível na minha vida, aí vi Jesus vindo pela estrada.

Ah, preciso contar a você, Ele foi incansável durante anos. Ele me mandou seu convite em dúzias de estudos da Bíblia, em incontáveis noites rolando inquieta na cama, isso sem falar nos sermões que de repente me fizeram sentar alerta no banco da igreja, como se tivesse sido pega em flagrante.

Devia ter respondido ao convite há muito tempo, mas não, continuei agindo por conta própria, tentando manter tudo coeso.

Na minha condição: sempre no controle.

Jesus passou anos tentando domar esse ser maníaco por controle que existe dentro de mim. Esse meu lado vem sempre à tona em situações marcantes da vida e, sim, também em momentos da vida diária: quando as pessoas da minha equipe em um projeto não fazem suas obrigações, quando os carros no estacionamento avançam na vaga ao lado, quando a juventude do piloto do avião me deixa insegura a ponto de querer conferir suas credenciais. Ainda agora na última semana, minha mania por controle entrou em ação no parque aquático, onde uma tropa de crianças gritando boiava na parte funda da piscina, enquanto as mães, cobertas de bronzeador, tomavam sol. Eu, como qualquer outra mãe, venho para a piscina pela diversão, com uma pequena pilha de livros e uma cadeira dobrável. Mas não conseguia achar meu filho em nenhum lugar. E, de repente, senti que era responsável por todas as crianças, e por toda a água, e por todo xixi na piscina. Pronto, decidi que comandava todos os trampolins, todos os escorregas, além da aplicação de protetor solar. *Tudo depende de MIM!* A vida de todo mundo está *nas minhas mãos!*

Isso mesmo, até ali Jesus me encontrou, andando de sandálias ao lado dos meus chinelos de oncinha. (Ele me entregou aquele convite escrito à mão ao lado da piscina como se dissesse "Nem tudo depende de você, garota".

Ah, o modo incansável de Jesus. Ele deslizou o convite por baixo da porta do escritório e deixou-o sob o travesseiro, entre as páginas da minha agenda lotada de compromissos e no meu mundo de sonho, onde meu subconsciente sempre parece ser o primeiro a saber que passei do limite, mesmo quando o restante do meu ser coloca um semblante de "tudo bem". Você sabe de que tipo de sonho estou falando. É isso mesmo, aquele sonho em que você aparece para a formatura na faculdade e, só aí, lembra que não fez todas as matérias exigidas.

O convite continuou a chegar, e a escolha de aceitá-lo ou não sempre foi minha.

Não aceitei logo de cara por causa da minha mania de controle. Não sabia o que fazer com esse tipo de convite.

Bem, vou contar o motivo:

Gosto de reunir todas as partes da minha vida em uma pilha organizada, imaginar estratégias de como exatamente elas devem acontecer e, aí, peço para Deus abençoar meus planos.

Se aceitasse o convite, como me sentiria deixando Deus assumir o controle? Afinal, não podia simplesmente entregar minha vida nas mãos de Deus e ir embora enquanto Jesus dobrava a roupa de baixo do meu marido e atendia todas as minhas ligações.

É claro, boa parte da vida não pode ser descartada. Pessoas dependem de mim. Tenho filhos para alimentar. Uma casa para tomar conta. Livros para escrever. Comitês para participar.

A maioria das pessoas não pode simplesmente dar um cartão vermelho para a própria vida e seguir em frente quando tudo fica caótico. Precisamos de algo mais tangível do que uma frase agradável como "Apenas deixe nas mãos do Senhor". Jesus nos chama para algo mais sacrificial do que fugir da responsabilidade. Seguir Jesus dá trabalho *de verdade*. Criar os filhos exige um *esforço* real. Não podemos deixar a administração da casa ao léu, cancelar todos nossos compromissos e passar o resto dos nossos dias relaxando na praia.

Há partes da minha vida que não posso simplesmente jogar para o alto e dizer "Deus, desisto! Fica tudo por sua conta!". Acredite, há momentos em que *quero* fazer exatamente isso. Há áreas em que *quero* ligar o "não estou nem aí" interior e simplesmente "deixar pra lá". Tem vezes que quero entregar *tudo* para Ele, passar o bastão de vez, e me encolher embaixo das cobertas comendo bacias de pipoca o resto do ano.

Mas Jesus aparece ao pé da cama e diz: "Vamos, garota, saia daí. Você consegue. Vamos, estou com você. Vamos lá, não desista".

A entrega espiritual é mais complexa do que qualquer trivialidade cristã. E muito mais desconfortável. Eu sabia que se aceitasse o convite, essa parceria com Jesus pediria algo a mim. Aliás, pediria *tudo* de mim.

Também pedirá tudo de você.

O CONFORTO DO CONTROLE

Tenho uma confissão a fazer, amo o conforto constante que o controle me proporciona, mesmo que seja apenas uma ilusão.

CONVITE

O controle passou a ser um mecanismo de enfrentamento para amortecer as dores da vida. Acreditava que mesmo se não conseguisse controlar as coisas grandes, podia pelo menos tentar controlar as pequenas: o que comia, quantos passos dei no dia, meus cabelos grisalhos, as linhas do aspirador de pó no carpete, como programar cada minuto de cada dia ou o que você pensa a meu respeito quando falo com você.

É claro que isso me deixa muito ocupada e, provavelmente, bastante chata.

Em geral, consigo lidar com um monte de tarefas ao mesmo tempo e sempre fui uma realizadora que não consegue abrir mão com facilidade de um desafio. O trabalho pesado nunca me assustou. Mas não dá nem para começar a contar como essa empreendedora em meu interior me arrasta para atividades a uma velocidade perigosamente alta. Nem como aguento de bom grado a pressão mental de acreditar que estou "no controle", que sou confiável e estou no comando de *todas as coisas* — e com que frequência essa pressão autoimposta me arrebenta completamente. Aprendi a esconder os escombros da minha vida sobrecarregada. Raramente alguém me vê confessando sentir ansiedade. Por quê? Porque confessar a ansiedade me faria parecer muito carente. Você jamais verá uma postagem cifrada minha no Facebook do tipo "pedido de oração implícito". Infelizmente, durante muito tempo não pedi nem mesmo para as amigas mais próximas orarem por mim. Não tinha contado para elas das vezes em que estava tão estressada que tremia sem conseguir respirar.

Continuava dizer que estava bem.

Mas não estava nem um pouco bem.

Queria ajuda, mas não sabia como pedir ajuda. Disse que confiava em Deus, mas cheguei a um ponto em que percebi que não confiava de fato. Essa descoberta, por eu ser seguidora de Jesus, me deixou chocada.

Construí uma imagem como ajudadora, não com ajudada. Minha vida era assim: *Agora, vou escrever uma postagem para o blogue. Agora, vou enviar um texto de encorajamento para você. Sem dúvida que posso doar para sua causa.*

Pesadelos recorrentes de maníacas por controle

- Aparecer para o exame final só para lembrar que nunca foi a nenhuma aula dessa matéria.
- Perder todas as anotações feitas em post-it.
- Se dar conta de que todo o antibacteriano para as mãos acabou.
- Ser designada para um projeto em grupo no trabalho e ver uma pessoa inadequada ser escolhida para líder.
- Confundir o dia da foto da aula do seu filho com o dia de fazer um penteado maluco.
- Dirigir um carro fora de controle em que a direção ou o breque não funciona.
- Ser chamada durante uma aula apesar de não ter levantado a mão.
- Enviar por engano uma série de textos românticos para seu sogro.

Com certeza, preencherei a vaga no comitê. Claro que posso falar no seu evento.

Em geral, era boa em todas essas atividades, mas cada "sim" dito se tornava um vazamento no meu tanque de combustível pessoal. Sentia necessidade de me tornar indispensável e necessária, e quando pessoas insistentes me davam mais responsabilidade, enfiava tudo no porta-malas do carro e seguia adiante porque "estava tudo sob controle".

Era de se esperar que o esforço para fazer tudo isso me trouxesse alegria. Mas fui surpreendida quando percebi que a coisa toda não estava funcionando desse jeito. Tentar abraçar tudo e todos era como tentar tomar conta de uma ninhada de gatinhos.

Resolvi encarar minha vida e percebi que a mulher que me tornei não era alguém que eu quisesse perto de mim. Minha agenda estava lotada de compromissos, e meu corpo se sentia drenado, estressado e exaurido. Sentia tanta culpa porque, independentemente do que estivesse fazendo, sentia que podia estar fazendo outra coisa. Não importava o que fizesse, nunca parecia suficiente.

Comecei a me fazer perguntas do tipo:

- Se estou fazendo tanto pelos outros, por que me sinto tão distante deles?
- Se estou tão ocupada, por que não sou mais produtiva?

- Como posso de fato começar a confiar em um Deus que não posso ver?
- De todo jeito, o que é se entregar?
- Quando tenho de abrir mão e quando tenho de me agarrar com mais firmeza ainda?
- Sempre fui capaz no passado, então por que a vida parece tão caótica agora?

As respostas para essas perguntas acabaram se transformando neste livro em suas mãos agora.

Percebi que, afinal, a mulher que tinha "tudo sob controle" não estava sob controle.

No fim, aceitei o convite de Jesus.

Aceitei aquele convite assustador, exagerado e delicado, que mudou minha vida.

Este livro é minha aceitação do convite. Escrevo cada palavra deste livro como se estivesse sentada ao seu lado, à beira de uma estrada, com o marcador de combustível indicando o tanque vazio.

Jesus está com a gente. Ele está fazendo a você o mesmo convite que fez a mim: "Você está cordialmente convidada a abraçar um novo modo de vida. A ajuda está ao seu alcance".

LIVRE-SE DO PESO

Não sou a única que precisa de ajuda.

Sei que não sou a única porque ouço seu sofrimento. Choro com você. Leio seus e-mails na minha caixa de entrada. Vi você brilhar e, depois, se extinguir porque assumiu coisas demais. Vejo como nunca diz não para ninguém porque não consegue lidar com a ideia de desapontar alguém.

Por baixo dessa aparência de "tudo bem", você está passando por um grande sofrimento emocional. Estas são as fontes do seu estresse:

- Alguns de seus pesares existem por causa de tudo que tenta *fazer*. Você está cansada.
- Alguns de seus pesares vêm de tudo que acontece *com* você. Você está devastada.

Vi a vida derrubar você quando pensava que estava tudo sob controle. Fui ao funeral do seu filho. Chorei com você quando descobriu o caso do seu marido. Segurei sua mão depois do aborto. Sentei-me com você após seu diagnóstico de câncer. Acompanhei você à primeira consulta com seu conselheiro.

É isto que somos: mulheres que estão tentando. Tentando manter tudo ajustado por causa da família. Tentando dar nosso melhor para nossa igreja e nosso trabalho. Tentando estar presente emocional e fisicamente para as pessoas que amamos. Tentando ajudar nossos filhos a crescer e fazer boas escolhas e, depois, não ficar magoadas quando disserem "Você não está ajudando, mamãe; está se intrometendo".

Não sou a única, e, minha amiga, você também não é a única. Tantas coisas nos pegam de surpresa todos os dias, e não conseguimos controlar nenhuma delas.

O tempo. Voos atrasados. Nossa saúde. Aquela mensagem horrível. O trânsito. As escolhas dos nossos filhos. Nossa fertilidade, ou a falta dela.

Pedimos um mapa para lidar com tudo isso, mas, na verdade, procuramos fazer o nosso próprio mapa. Executamos planos para controlar essa vida fora de controle porque temos medo do que acontecerá se não fizermos isso.

Junto com tudo isso vem o convite.

Tenho uma notícia importante a respeito dessa oferta. O convite não quer pedir que você seja quem não é. Ele não vem com alguma exigência impossível de que você, de uma hora para a outra, deixe de ser a mulher incrível e valente que é. Esse convite valoriza o desígnio notável de Deus para sua vida. Você é o tipo de mulher capaz de alcançar as estrelas e conseguir que as coisas sejam feitas. Você tem ideia da pessoa maravilhosa que é?

Você não se acomoda. É o tipo de mulher com quem podemos contar para cumprir um prazo de trabalho, que organiza uma arrecadação, que acolhe os filhos dos vizinhos em uma emergência, que leva a colega de trabalho à quimioterapia, que aconselha uma amiga às três horas da manhã, que acompanha os compromissos de todos e que se certifica de que todos estamos com o cinto de segurança antes de nos levar para os três dias de aventura que organizou sozinha. Você está ao meu lado na piscina pronta para salvar qualquer nadador com problema. Solidariedade, minha amiga.

Precisamos de você. Precisamos de mulheres capazes, caridosas e que assumam o controle como você, assim como, nas salas de cirurgia, onde todos os detalhes, como "desinfetante apropriado", são importantes, precisamos de médicos e enfermeiros. Vou ser direta. Se você é uma maníaca por controle, espero que use isso a seu favor, como se isso não dissesse respeito a ninguém mais, se estiver com alguém que amo em sua mesa de cirurgia. Precisamos de mulheres responsáveis como você para *controlar todo o sangramento*.

Também precisamos de você no comando de escolas, de organizações sem fins lucrativos e de empresas entre as 500 da revista *Fortune*. Precisamos de estrelas do rock como você para nos mostrar que essa entrega não é como "ficar encostada" sem fazer nada. É "marchar adiante como uma guerreira". Às vezes, a entrega a Deus exige que você faça o trabalho mais difícil que já fez na vida: adotar outro filho, lutar pelo seu casamento, chutar o câncer para um canto escuro ou se recusar a render-se aos ataques persistentes de Satanás.

Ei, ouça isso. Contamos com você: você é uma mulher dedicada com todo seu ser ao chamado de Deus em sua vida; não só em seu trabalho, mas também em seus relacionamentos.

Precisamos de você porque, vamos encarar, você fica na retaguarda e nos salva o tempo todo. Você é a cola que mantém sua tribo unida. Sua vida revela a fonte do verdadeiro poder: o Espírito Santo.

Quando está em seu melhor, você está conectada ao poder ilimitado de Deus para ressuscitar, poder esse que pulsa por seu intermédio com uma força imensa. Deus a criou para coisas grandes, e você, quando vive como uma mulher empoderada, faz essas coisas realmente bem. Eu te aplaudo de pé, minha irmã.

É provável que quando você esteja sob estresse fique como eu: entra no modo de corrida perigosa e quase sem combustível a maior parte do tempo. Você tem dificuldade em ver a diferença entre o que é essencial e o que não tem importância, então faz tudo. Você abraça tudo, só para garantir. Mesmo sem o combustível apropriado e necessário, você tenta produzir sua própria força, como se pudesse impulsionar o carro com os pés, como o Fred e a Vilma Flintstone. Isso deixa você exaurida e insensível.

Veja se este conselho ecoa em você: *você precisa controlar seu controle.* (Pergunte como eu sei disso.)

Jesus está pedindo a você e a mim para agarrarmos esse convite a fim de desenvolvermos hábitos melhores e fazermos escolhas alinhadas com o que Deus tem de melhor para nós. Aceitar esse convite nos ensinará como fazer coisas que, se formos honestas conosco, não conseguimos fazer bem neste momento. Coisas como esperar, delegar, confiar em um Deus invisível, ficar sempre calmas e, sim... isso mesmo, entregar as rédeas nas mãos dele.

Se escolher aceitar esse convite, pode continuar seguindo a sua rota e dirigir bem, sem bagagem extra e sem as responsabilidades que nunca se pretendeu que você tivesse.

Hebreus 12:1 nos dá uma imagem clara de como é isso:

> Livremo-nos de tudo o que nos atrapalha e do pecado que nos envolve, e corramos com perseverança a corrida que nos é proposta.

É assim: digamos que a vida é uma viagem de carro. Muitas de nós levamos um pouco demais de coisas inúteis no porta-malas, você sabe do que estou falando, certo? Precisamos seguir o conselho do escritor de Hebreus e nos "livrar" do peso extra.

Livrar-se do peso extra é muito parecido com entregar-se. Você tira tudo que não precisa do porta-malas e segue em frente com o que tem de *melhor*. Descarta o que não tinha de levar para poder se concentrar no que tem de levar

Estou bem nesse ponto com você. Vamos tirar todo peso que nos faz andar devagar: nosso pecado, nosso orgulho, nosso falso senso de controle, nossa necessidade de aprovação, nosso distintivo de ocupada, nossa crença de que tudo está em nossas mãos. E depois podemos nos levantar com perseverança e correr a corrida que Deus colocou diante de nós.

Em casa. Na igreja. Em nossos ministérios. Nas amizades. Qualquer lugar onde Ele nos levar é um lugar de entrega.

O QUE SIGNIFICA DE FATO SE ENTREGAR

A entrega é isto: é aceitar e se submeter de bom grado ao plano de Deus para sua vida, e não importa o preço a pagar por isso.

Quando você leva uma vida de entrega, ainda tem um trabalho a fazer. Não há nada de passivo em se entregar. A entrega não é um ato de fraqueza, mas um ato de força extraordinária que impulsiona cada uma de nós na "corrida que nos é proposta". Não pense que entregar o controle das coisas é o mesmo que desistir. Pense na entrega como se submeter a um poder maior.

Isto é o que nos espera nessa jornada. Juntas vamos:

- Deixar de fazer o papel de Deus e começar a nos tornar parceiras dele na vida que Ele colocou diante de nós.
- Abrir mão do que Deus *não* nos pediu para fazer para que possamos brilhar no que Ele nos *pediu* para fazer.
- Aprender que a vida de entrega é muito mais do que "fazer menos". A vida de entrega é ser mais a pessoa que Deus nos criou para ser.

Pedimos um mapa, mas em vez disso Jesus nos dá uma bússola e diz: "Siga-me".

- Ficar à altura para realizar o incrível trabalho de melhorar o que Deus colocou ao nosso alcance.
- Acabar com esse negócio de "modo controle" (para podermos levar uma vida com sentido e intenção e sem achar que temos de comandar o show todo.
- Parar de destruir pontes com as pessoas que mais amamos, dando-lhes a liberdade de levar a vida sem nossa supervisão constante.
- Deixar para trás nossa vida exaurida e encontrar a paz que quase esquecemos que existe.

Se nada mudar, esse nosso ritmo frenético passa a ser nosso novo normal. Continuamos a bater a cabeça na mesma parede à espera de que algo mude, enquanto as mesmas velhas feridas continuam a sangrar.

Minha oração é para que cada página deste livro seja um sussurro do amor profundo de Deus por você, e que no fim do livro você se sinta mais em paz, mais conectada com Deus e mais presente para a bela vida pela qual anseia.

Talvez você esperasse que seu guia fosse alguém que não enfrentasse mais lutas com as questões de controle, alguém que espera conscientemente Deus agir antes de partir para a ação. Mas você, em vez disso, tem a mim: uma mulher que ainda está

Coisas que minhas amigas disseram quando contei que estava escrevendo um livro sobre controle

- "Não tenho problema com controle. Contanto que tudo saia conforme o plano, sou supertranquila."
- "Não sou controladora, mas posso mostrar a você a maneira correta de escrever este livro?"
- "Controle não é um problema para mim. Só gosto que as coisas corram do meu jeito."
- "Não preciso desse livro. Já sei como manter tudo sob controle."

aprendendo como abrir mão do que *não* interessa para poder construir uma vida com o que *importa.*

Nas próximas páginas, você verá que arregacei as mangas e pedi ajuda a Deus para me redirecionar em meus caminhos equivocados. Minha parte favorita é o que aconteceu quando entreguei minha vida para Jesus e disse "Aqui está, você pode me ajudar a desembaraçar toda essa confusão em que minha vida se transformou?". Juntos, estamos desfazendo os nós.

Você consegue imaginar ter uma parceria assim com Jesus? Jesus ainda está ali, com as mãos na cintura, parado naquela estrada ao lado do seu carro. Imagino que Ele esteja com um leve sorriso porque, finalmente, conseguiu fazer você diminuir a marcha o suficiente para prestar atenção. Ele é esperto, não é mesmo?

Mais adiante na estrada, você vê um veículo Honda Accord antigo.[1] Jesus quer que você deixe para trás seu carro com o tanque quase vazio e entre no dele.

É claro, como Carrie Underwood cantaria para você, Jesus está definitivamente assumindo a direção. Mas não se engane. De vez em quando Ele pede para que você guie um pouco. *Não pense em Jesus como seu chofer, Ele está mais para seu instrutor de direção.* Ele está ali para ensinar a você as regras da estrada.

Minha amiga, não fique com medo da direção. Você é equipada para guiar — e Jesus está ao seu lado para orientar você quando seguir na direção errada. Ele puxa o freio de emergência se for preciso; e eu mesma fiz um pedido por estradas ladeadas por paredes acolchoadas.

....

[1]Parece que os estudiosos concordam que Jesus dirigia um Honda, mas Ele não falou publicamente sobre isso. "Pois não falei de meu Accord" (João 12:49 [a autora faz uma brincadeira com a palavra "Accord", "vontade", que também é o nome de um modelo americano de Honda]). Então aí está: um Honda. Não sei exatamente quem foi o primeiro a fazer essa descoberta extraordinária, mas fiquei sabendo a respeito na internet; então deve ser verdade.

As janelas estão abertas, a música está afinada, o tanque está cheio e tem algo no horizonte parecido com liberdade. É onde estou hoje, dirigindo livre, com uma mão no volante e a outra levantada na direção do céu.

Na estrada, você sente o amor reconfortante de Jesus. Acho que estou certa em dizer que Ele está feliz por você ter aceitado seu convite. Nessa jornada você vai descobrir que, enfim, tudo está de fato sob controle: sob o controle de Deus.

Acabando com o "modo controle"

Você provavelmente investiu muito tempo em suas listas, sua agenda, sua conta de economia para a aposentadoria e o fundo para a faculdade de seus filhos. Você tem todos os tipos de estratégias para ser eficiente em seu trabalho. É uma perita em um monte de coisas. Bem, agora tem de aplicar essas habilidades em rearranjar sua vida de uma forma que alinhe suas prioridades com as de Deus.

É, isso exige um plano. Por isso é que em cada capítulo deste livro ofereço a você um caminho a seguir para "acabar com o modo controle".

O que é esse "modo controle"? É o sistema de ideias, regras e comportamentos que estabelecemos para nós mesmas para manter nossa vida em ordem. Queremos decifrar esse "modo controle" para podermos entender por que funcionamos dessa maneira. Então seremos capazes de substituir os sistemas antigos por uma vida saudável.

A fim de decifrar esse "modo controle", cada capítulo convida você a analisar novas práticas e novas maneiras de pensar. Isso exige um investimento seu de tempo. E também de energia. A mudança não acontece automaticamente. Este livro vai pedindo algo a você a fim de que passe para outro patamar em sua maturidade espiritual.

Você gostaria de saber por que todo esse trabalho? Porque você não é uma fruta que para amadurecer basta existir.

Não podemos nos comportar como se a maturidade espiritual fosse algo programado em nosso interior. Nunca funcionaríamos assim em outras áreas da nossa vida. Jamais deixaríamos nosso trabalho ao acaso, nossas finanças sem um planejamento, nossos bebês em uma cadeirinha para carro com cintos e fivelas em péssimo estado. Mas esquecemos muitas vezes de ter uma estratégia para o papel mais importante da nossa vida: o de discípula que confia totalmente no Líder e segue os passos dele.

Seja corajosa. Se alguém pode fazer isso, esse alguém somos nós. Somos o tipo de mulher que não teme um desafio. Vamos fazer isso.

O PRIMEIRO PASSO: CORRENDO COM MAIS ESPERTEZA

Você tem uma corrida pela frente. Mas primeiro tem de se livrar de toda bagagem extra que a impede de correr a corrida que Deus colocou diante de você. Pense em tudo pelo que se sente responsável nesse momento da sua vida — o que é bom, mau, belo, feio, difícil, agradável e o que não exige esforço. Depois que tiver feito uma avaliação honesta de em que pé está agora, considere, por exemplo, seu trabalho, suas obrigações familiares, seus filhos, seus relacionamentos, seus compromissos de voluntariado, seus compromissos da igreja, suas lutas pessoais e os pais idosos. Pense também em outras "bagagens extras" que carrega. Tem alguma área em que disse sim porque não queria desapontar as pessoas? Você leva alguma bagagem extra simplesmente porque quis agradar alguém? Você usa mecanismos de enfrentamento — do tipo exercícios, comida, dependência de substâncias — para dar a você a sensação de controle?

Bem, agora você está preparada para começar a criar sua lista seguindo estas instruções:

1. Escreva este versículo da Bíblia no topo da página: "Livremo-nos de tudo o que nos atrapalha e do pecado que nos envolve, e corramos com perseverança a corrida que nos é proposta" (Hebreus 12:1).
2. Desenhe duas colunas na folha e coloque o título "minha corrida" em uma delas e o título "Bagagem inútil no porta-malas" na outra.
3. Enquanto avalia cada bagagem identificada peça a Deus para ajudá-la a discernir o que se espera que você leve ou deixe para trás.

4. Sob o título "Minha corrida", enumere os itens que sente que são seus para levar nessa jornada com Jesus. É bem provável que essa lista inclua coisas que você ama. Também vai incluir itens que você sente que estão pesados demais neste momento — responsabilidades que não pode evitar ou circunstâncias difíceis que está enfrentando hoje, como um pesar, um sentimento que a acompanhará durante um tempo.

5. Sob o título "Bagagem inútil no porta-malas" enumere os itens que nunca se pretendeu que você levasse. Talvez Deus a esteja chamando a abrir mão desses itens porque podem atrasar você em sua jornada. Talvez essa lista seja mais longa e vai exigir honestidade total com você mesma. Pode ser que entre os itens dessa lista estejam mecanismos de enfrentamento, relacionamentos abusivos, comportamentos em busca de aprovação, obrigações que não lhe cabem mais executar e compromissos que a exaurem.

6. Examine suas duas listas. Enquanto faz isso agradeça a Deus pela corrida da qual participa. Louve-o pelas partes belas de sua vida e peça que Ele a ajude a lidar com as partes difíceis. Depois peça a ajuda dele na remoção da bagagem no porta-malas, item por item. E é exatamente aí que a mudança real começa.

Vamos nos livrar de cada bagagem inútil que nos atrasa. Temos uma corrida pela frente.

2

Ilusão

O MOTIVO PELO QUAL SOMOS COMO SOMOS

Como acabei nessa situação?

Foi esse pensamento que me passou pela cabeça enquanto estava deitada de costas sobre meio metro de neve, na imensidão da zona rural de Iowa. Estava coberta de neve branquinha há cem metros de casa enquanto olhava o céu abobadado e acinzentado acima de mim como se feito de ferro. Alguns flocos perdidos de neve flutuavam balançando suavemente como pequenas penas na brisa. Minhas filhas, perto da porta da frente, gritaram pelos campos da fazenda: "Mamãe, você está bem?".

Eu estava bem, mas estava encalhada ali no chão.

Afastei o cabelo dos meus olhos com uma luva coberta de neve e soltei o ar com um grande suspiro, embaçando meus óculos.

Estava tão, tão presa ali. E agora também não conseguia ver.

Nesse dia de dezembro, minha missão envolvia me aventurar ao ar livre para recuperar o feno de um de nossos fardos bem enrolados, todos alinhados em fileiras organizadas na beira do campo. Tinha lido na internet um artigo sobre como uma mãe promoveu o espírito natalino de bondade e gentileza em sua família com um projeto envolvendo feno. Cada vez que seus filhos praticavam um ato de bondade durante o advento, eles podiam pegar um pedaço de feno e colocar na cena natalina. No dia de Natal, a manjedoura de Jesus estaria revestida de bondade e gentileza.

Então, logo depois do almoço, fechei meu casaco enquanto olhava pela janela da frente. Apenas algumas horas antes, caíra uma nevasca muito forte que seguiu em direção a Illinois. Foi uma das maiores nevascas que vimos em muito tempo. "Não se preocupem", disse para as meninas enquanto punha um cachecol xadrez de lã em volta do pescoço e saía pela porta em direção ao campo.

Tive visões de mim mesma deslizando graciosamente, como uma esportista olímpica no skate, pelos campos bucólicos da fazenda, mas me esqueci por um momento que era a esposa de um fazendeiro usando pesadas botas de neve.

Os sulcos na neve eram enganosamente profundos. Arrastei os pés como se estivesse me arrastando para fora da atração implacável da areia movediça. Gente, a mãe natureza não fica à toa aqui.

De repente, meu senso de equilíbrio falhou bem quando os fardos de feno estavam bem ali ao meu alcance. Caí. E lá estava eu, deitada com uma perna torcida para fora da bota, só de meia e impotente, e com a estranha sensação do frio gélido do inverno queimando os dedos do meu pé.

Minhas meninas acompanharam toda essa saga infeliz. Elas, depois de gritar por mim para saber se eu estava bem, fizeram o que qualquer menina cristã boa faria em resposta a sua amada mãe caída no chão. Caíram na gargalhada até perder o fôlego. Então prometeram correr em meu auxílio. Isso levou aproximadamente uma eternidade.

O resgate demorado delas me deu todo o tempo do mundo para me fazer a pergunta: *Como acabei nessa situação?* Tem a resposta curta. E tem a resposta longa.

Esta é a resposta curta: querer um Natal idílico, um Natal que seja memorável anos mais tarde para nossas filhas. Esse desejo sempre desponta todos os anos depois do Dia de Ação de Graças, quando começamos a decoração de Natal. Faço chocolate quente, coloco para tocar o

CD *Natal da família Osmond* e acendo a lareira elétrica. E *voilà*! Calorzinho e aconchego instantâneo.

Em casa, a temporada só começa mesmo quando faço meu anúncio anual, garantindo que *este* Natal vai captar o verdadeiro sentido da festividade.

Naquele ano em particular, antes de pendurar alguma meia na lareira, orei para que Deus reorientasse meu foco. Tinha visto no Facebook como outras mães estavam se preparando para as festas. Então comprei as quatro velas, uma para cada semana antes do Natal e escondi nossa pequenina imagem de Jesus, só porque tinha lido em algum lugar que o menino Jesus só deve aparecer na cena da natividade no dia de Natal. Contei para as meninas nossos grandes planos para realmente celebrar o Natal da maneira como Deus pretendia que fosse celebrado — porque Ele está muito preocupado com a cornija das nossas lareiras, pois quer que fiquem como aquelas que aparecem no Pinterest.

As meninas ficaram boquiabertas.

— Não foi isso que você disse no Natal do ano passado? — perguntou Anna.

Lydia ficou pálida quando falei de um Natal mais simples com foco renovado em Jesus.

— Quer dizer que não vamos ganhar presentes? — perguntou ela.

(Incidentalmente, poucos dias depois do fiasco na nevasca, meu cartão de crédito foi-se embora quando, por acidente, acabei dando descarga no vaso sanitário sem ver que ele tinha caído ali. Fiquei me perguntando: *Será que essa é a estranha maneira de Deus responder à minha oração por um Natal mais focado?* Ah, a propósito, ficar de pé à porta do banheiro enquanto o encanador pesca um cartão de crédito em nosso vaso sanitário é um novo tipo de situação embaraçosa.)

Bem, vamos voltar à história. Garanti para as meninas que ainda receberiam presentes, mas que redobraríamos nosso esforço para focar em Cristo no Natal. Expliquei a elas que iria até o campo para conseguir feno para nosso projeto da manjedoura. E lá fui eu.

É aí que vocês me veem agora — de óculos e esparramada na neve.

Minha amiga, mesmo que seja a versão em que você se encontra agora, ponha seu casaco e se deite ao lado aqui na neve por um momento. Junte-se a mim no meio do inverno da minha Iowa, onde os aromas de luvas encharcadas e de árvores perenes se misturam no ar gélido e cortante. Bem, mas agora vamos à resposta longa para a pergunta que fiz no início deste capítulo:

Como acabei nessa situação?

Aposto como você já olhou sua vida e se fez essas mesmas perguntas: *Como acabei nessa situação? Como cheguei a esse lugar, deitada aqui no meio da neve e aniquilada até a alma? Sinto como se estivesse fazendo tudo certo, mas no meu âmago, algo parece estar errado. Faço tanta coisa e só consigo ter sucesso em menos da metade de tudo que faço.*

Algumas pessoas podem dizer que chegamos a esse ponto porque somos maníacas por controle e que não nos conformamos com nada de segunda categoria. (Sinto como se tivesse acabado de pisar em cada um dos meus dedos congelados.)

Mas, espera aí. Não é tão simples assim. Há um motivo muitíssimo complicado e sincero para nos encontramos nessa situação. Chegamos aqui porque nos importamos. Chegamos aqui porque desejamos levar uma vida com sentido e fazer conexão com os outros. Às vezes, por amor, nos esforçamos demais.

Naquele Natal, meu desejo mais profundo era que minha família tivesse um feriado significativo e com Jesus no centro do palco. Movi céus e terra, além de montes de neve para fazer isso acontecer. Meu acidente foi um incidente inofensivo que ainda me faz dar gargalhadas. Mas é aquele mesmo anseio — cuidar dos outros — que me leva à beira da insanidade nos outros trezentos e sessenta quatro dias do ano. E isso não é motivo de riso.

Meu afeto profundo por meus entes queridos é que me faz pensar, administrar, planejar. Sinto que todos dependem de mim. Se *entregar* completamente algo nas mãos de Deus, tenho a tendência de voltar todos os dias para monitorar como Ele está se saindo. O que eu gostaria mesmo é de levar minha perfeitamente organizada e planejada vida para Jesus e dizer: "É assim que tem de ser. Estamos combinados?"

E depois, por amor, vou fazendo acontecer.

Minhas filhas *serão* felizes porque, por amor, criarei experiências memoráveis para elas.

A igreja da minha família *será* feliz porque meu amor me leva a dizer sim para tudo que seja necessário fazer.

Minhas amigas *serão* felizes porque meu amor se recusa a decepcioná-las.

Além disso, vivo sob a falsa suposição de que se lidar com tudo posso proteger os meus queridos da dor.

Acreditava que se pudesse abraçar tudo, ninguém seria ferido. Se você é como eu, então é protetora e controladora. Milhares de vezes você tenta manter seus entes queridos felizes — e, no mínimo, *vivos*.

Isso explica nossa obsessão por quadros e listas. (Prova A: certa vez fiz um quadro de necessidades fisiológicas. Fiz um quadro do funcionamento do intestino e da bexiga de nossos bebês recém-nascidos porque queria ter certeza de que estava hidratando adequadamente aqueles minúsculos seres humanos. Pessoal, tudo em nome do amor.)

Sou totalmente Marlin. Lembra dele? É o peixe-pai cuja maior prioridade era o bem-estar de Nemo. "Prometo, que nunca vou deixar nada acontecer com você, Nemo", disse Marlin no filme enquanto acalentava o ovo que logo se tornaria um peixe-palhaço. Quero vacinar minhas filhas contra o sofrimento e "ajudá-las a ser bem-sucedidas".

É por isso que fico acordada à noite virando na cama e planejando como tenho de reagir nos piores cenários, agindo como se minha visão de mundo se resumisse à preocupação. Achava que esse tipo de vida administrada me daria o que tanto ansiava: mais paz, menos medo; mais sentido, menos falta de objetivo; mais amor, menos angústia.

Quero profundidade, mas fico presa às coisas superficiais — por que sou tão tensa? É muito comum eu dizer sim para o que aparece pela frente por causa do meu desejo de amar bem. É por isso que assumo compromissos demais; que faço planos extravagantes a fim de trazer sentido para todos os feriados, que planejo cada resultado possível em cada situação possível, assim sempre estou preparada para tudo. Também é por isso que me vejo, vez após vez, estatelada no chão, como aquele dia na neve, completamente impotente, com a paz e a alegria muito fora do meu alcance.

Como acabamos nessa situação?

Chegamos a essa situação… por causa do amor.

Comecei aqui, com o amor, porque essa é uma zona da qual a vergonha não faz parte. Vamos habitar no amor e na graça por um minuto, certo? Isso mesmo, vamos nos afastar dos motivos mais deselegantes que provocam os comportamentos controladores: o medo, o desejo de estar certa, a ânsia por aprovação. (Vamos nos embrenhar fundo nessas motivações ao longo do livro.) Comecemos com o amor. Muitas de nós sentimos que temos de comandar o show, e nos sentimos assim porque nos importamos. Se não fizermos isso, quem fará?

Há uma diferença importante aqui; não estou falando de controladoras narcisistas que tentam dominar as pessoas e dissimulam esse desejo com uma veste de "se importar com os outros". Estou falando de mulheres como você — que adoram Jesus e são movidas profundamente por esse amor para tornar a vida bela. Seu coração é precioso e está repleto dos melhores motivos.

Mas mesmo para aquelas de nós cheias de boas intenções, esse cuidar dos outros pode acabar se transformando em um comportamento que nos deixa em um estado lastimável, ansiosas, exauridas — e provavelmente uma pessoa menos agradável de se ter por perto. Acabamos até *nós mesmas* achando que somos inoportunas e cansativas.

É assim que me sinto às vezes quando estou encarregada da música de adoração em nossa pequena igreja interiorana. Cerca de uma vez por mês, recebo a tarefa de selecionar músicas contemporâneas na nossa biblioteca no iTunes e projetar as letras em grandes telas na frente da igreja. (Nessas ocasiões me autodenomino DJ da igreja.)

Mas tenha muito cuidado com a DJ Jenny Lee na igreja durante aqueles quinze minutos estressantes e de nervosismo que antecedem o início da adoração. Sei que provavelmente já ofendi pessoas que só queriam ter um dedo de prosa amigável comigo lá no fundo da igreja antes de o culto começar. E elas, em vez da minha bondade, receberam apenas minha indiferença. Por quê? Porque estava ocupada tentando criar uma experiência de adoração perfeita e relevante para elas — guiada por meu amor por Jesus e por cada membro da minha família da igreja. É uma ironia, mas as pessoas a quem eu pretendia servir não sentiriam amor se estivessem a menos de três metros de mim e da minha amada biblioteca do iTunes.

Em alguns domingos, cantamos uma música superagitada, mas aconselho qualquer um que entrar no santuário a pegar o caminho para o altar que passe longe da frenética DJ!

Lamento todas as vezes que meus bem-intencionados "atos de bondade" me deixam tão agradável quanto um porco-espinho ouriçado. E como faço para encontrar o equilíbrio? Como faço para executar o trabalho para o qual sou chamada sem afastar as pessoas cuja minha intenção sempre foi amar e demonstrar esse amor?

Acho que tudo começa com o reconhecimento de que o orgulho pode ser mascarado como amor. A gente pensa que tudo diz respeito a nós. Mas não é assim, não diz respeito a nós. Tudo diz respeito a Deus. O orgulho diz: "Sei mais do que Deus o que é bom para minha vida e o que é bom para meus entes queridos. E tem mais, tudo que faço é por amor!"; mas Deus diz: "Confie em um amor maior que o seu. Isso não depende de você. Pelo contrário, depende de mim".

A ILUSÃO PELA QUAL TODAS NÓS NOS APAIXONAMOS

Vamos voltar aonde tudo começou: o jardim do Éden. Eva não tinha intenção de bagunçar tudo para a humanidade. Acho que ela era como qualquer uma de nós — uma mulher cheia de boas intenções que, nessa circunstância, fez uma péssima escolha. Ela se concentrou apenas no fruto proibido porque achou que ele traria mais sentido para

Personagens famosos da Bíblia com tendências a ser maníacos por controle

- Jonas — ele não queria ir aonde Deus o chamou a ir e, por isso, foi dar um passeio de barco. Bem, houve uma nota positiva na história dele, pois foi o primeiro ser humano, conforme registros na história, que virou isca de peixe — e viveu para contar a história.
- Saul — esse rei impulsivo tinha muita dificuldade em deixar Deus ser Deus e, muitas vezes, fez coisas que nunca lhe foram pedidas.
- Sarai — Deus prometeu que ela teria um filho. Quando não conseguiu ficar grávida, ela tomou as rédeas do assunto nas mãos e sugeriu que o marido dormisse com uma de suas servas. Quem preveria que isso não funcionaria?
- Marta — tudo bem, você sabia que ela estaria na lista. Mas será que podemos apenas ser solidárias com Marta por um momento? Estávamos todas bem ali com ela naquela cozinha. De que outra forma se supunha que as pessoas comeriam? Alguém tinha de preparar a comida.

sua vida. Provavelmente, jamais imaginou que um gesto tão pequeno teria resultados tão catastróficos.

"Quando a mulher viu que a árvore parecia agradável ao paladar, era atraente aos olhos e, além disso, desejável para dela se obter discernimento, tomou do seu fruto, comeu-o" (Gênesis 3:6).

As boas intenções sempre conseguem o melhor de nós, não é mesmo?

Eva provavelmente não começou seu dia com um item diabólico em sua lista de afazeres.

Podar as rosas. *Feito.*

Alimentar os animais com cara engraçada e pescoço realmente longo. *Feito.*

Passear com Deus em volta do lago. *Feito.*

Experimentar uma fruta nova. *Feito.*

Trazer o pecado para o mundo. *Feito.*

Nós também não começamos nossos dias pensando: *vou ser uma maníaca por controle hoje e ficar muito mal com isso.* Bem ao contrário, começamos nossos dias com decretos de amor escritos por nós mesmas. Ninguém fica mais surpresa que nós mesmas quando viramos e nos pegamos arrancando o fruto proibido de árvores nas quais não tínhamos nada que estar mexendo.

Há uma linha muito tênue entre o controle não saudável e o controle saudável, e essa linha é traçada com a caneta das boas intenções.

Na melhor das hipóteses, essas boas intenções trazem sentido e alegria para a vida e para tudo que fazemos. Suas boas intenções são o motivo pelo qual você é famosa por sempre dar um jeito de encontrar o presente perfeito de Natal para todos na sua lista. Você é a mãe legal que manda os melhores petiscos para a escola das meninas. Mas suas boas intenções, na pior das hipóteses, podem deixar você angustiada e sem um pinguinho de calma. No fim, você chega até mesmo a afastar as pessoas que ama.

Por exemplo, tenho uma amiga cuja mãe costumava vir de outro estado para visitá-la. Invariavelmente, uma das primeiras coisas que ela fazia ao chegar era limpar e rearrumar a despensa da casa dessa minha amiga. Era um ato de amor por parte da mãe, mas deixava minha amiga enlouquecida porque a mãe nunca perguntava se ela queria que fizesse isso. (E ela não queria.)

Em última análise, a decisão de Eva de pegar o fruto foi uma questão de controle. Ela queria ser como Deus. Pode ser doloroso termos de, às vezes admitir a mesma coisa. Mas — *ai, isso é difícil de dizer* — às vezes agimos como se soubéssemos mais do que Deus sobre o que é bom para nós — ou para nossos entes queridos e suas despensas bagunçadas.

Não estou arrumando desculpas para nosso comportamento, mas temos de reconhecer que nosso desejo por controle não nos torna maníacas; mas nos torna humanas. A ciência revela uma verdade interessante a respeito do controle. Todos nós temos um apetite interior por controle.

Por exemplo, as pessoas acreditam que têm menos probabilidade de sofrer um acidente de carro se tiverem a situação bem controlada quando estão dirigindo. Elas se sentem mais vulneráveis em situações nas quais têm pouco controle, como quando estão no assento do passageiro no carro. Outro estudo mostrou que as pessoas acham mais provável ganhar na loteria se escolherem os próprios números da aposta.[1]

....

[1] Raymond S. Nickerson, Cognition and Chance: The Psychology of Probabilistic Reasoning (Mahwah, NJ: Lawrence Erlbaum Associates, 2004), p. 304.

Em suma, as pessoas tendem a alimentar a ilusão de que estão *mais seguras se estiverem no comando da situação*. Holley Gerth, uma autora de *best--seller* e certificada conselheira de vida, disse isto:

> Atravessamos a vida com medo de um monte de coisas diferentes e pensamos: "Se eu, pelo menos, tivesse o controle total, então estaria segura". Pode ser que a gente não chegue nem a dizer isso para nós mesmas, mas o que realmente queremos é nos sentir seguras. Por isso, quando queremos ter o controle, de repente, somos responsáveis por tudo e por todos. E essa é uma forma muito estressante de se viver. [...] E, de todo jeito, é uma ilusão, porque não temos controle algum.[2]

O desejo por ter o controle — mesmo que seja a ilusão de ter — é muito sedutor.

Muito tempo atrás, o pecado semeou na psique humana a necessidade de meter o bedelho em tudo. Além disso, nossa psique comprou a ideia de que se *não* tivéssemos o controle de tudo, estaríamos falhando. Esse sentimento representa uma combinação de nossas narrativas culturais dominantes. Veja as propagandas para encontrar prova disso. Não importa o que parece estar fora de controle, sempre há alguma coisa que você pode comprar ou conseguir para colocar "tudo sob controle". Botox. Uma nova dieta. Um sistema de organização de armário diferente. Xampu anticaspa. Outro livro de autoajuda. Uma cinta modeladora.

Olho em retrospectiva e identifico em que momento comecei a querer ser a dona da minha vida toda. Essa vontade de ter o controle começou aos treze anos: "Eu faço sozinha, mamãe!". Aos dezesseis anos, cuidados com a pele. Aos vinte e três anos, meia-calça de lycra com top. Aos trinta e três anos, uma pilha de livros de autoajuda. Aos quarenta e três anos, marcar hora no cabeleireiro de tempos em tempos para pintar o cabelo.

. . . .

[2] Susie Larson, "The Connection between Fear and Control", Live the Promise, Faith Radio, 15 de outubro de 2016, http://myfaithradio.com/2016/resting-gods-love/.

O desejo por controle é um traço pessoal do qual é difícil se livrar.

Quando começamos a seguir a Jesus, abrimos mão desse controle, mas tentamos constantemente trazê-lo de volta porque achamos que é mais seguro se estivermos no controle. Anos atrás, teria dito a você que confiava em Jesus, mas... honestamente, eu tinha dificuldade em confiar meus cuidados a alguém que eu não *via* de fato.

E então, *bumm*. Um acidente de carro em uma estrada com uma fina camada de gelo em Iowa me jogou de volta à minha realidade espiritual derradeira — não tenho tanto controle quanto imaginava.

Foi em 2009. Outro carro derrapou no gelo fino e cruzou a linha central da estrada e bateu na minha van. O acidente foi um momento absoluto de "Jesus assumiu a direção" na minha vida quando o volante simplesmente se soltou. A van girou, as janelas quebraram, e eu não tive voz ativa em nada disso. Minha vida estava totalmente nas mãos de Deus. Só Deus podia determinar se veria minhas filhas e meu marido de novo. Foi um dos momentos em que me senti mais vulnerável na vida Isso me fez ter uma consciência aguda de milissegundos da minha respiração, da fragilidade da vida, do controle completo de Deus e da minha falta absoluta de controle de tudo.

Naquele momento, abri mão do controle que na verdade nunca tive. Minhas mãos, literal e figurativamente, largaram o volante quando meu carro girou e pousou em uma vala cheia de neve.

Ao voltar para casa um dia depois do acidente, renovei o compromisso de deixar de assumir o controle total da minha vida — um trabalho que na verdade já era *dele*. Houve um momento que jamais esquecerei, aliás, meu marido o eternizou tirando uma foto com seu celular. Estou sentada na poltrona reclinável com minhas duas filhas no colo e um par de muletas no chão. Lydia tinha oito anos na ocasião. Ela não parava de me dizer: "Você está com cheiro de hospital", e Anna, com cinco anos, olhava para mim como se eu fosse um mistério a ser resolvido. A imagem é tão granulosa que não dá para perceber as lágrimas nos meus olhos, mas elas estavam ali. Passei aquela tarde toda olhando nossas filhas com a vista embaçada de lágrimas e, depois, para o meu marido, e aí olhava para as janelas com vista para nossos vastos campos brilhando com a neve como se Deus tivesse cravejado de diamantes nosso cantinho no mundo.

— Isso é tudo seu, Deus — eu disse a Ele. — E sou toda sua. Obrigada pela minha vida.

Achava que o acidente tinha me curado da mania de tentar ser o mandachuva de tudo.

Mas então, a vida aconteceu. Os dias viraram meses, e os meses, anos. Voltei a ser a antiga eu. O apóstolo Paulo, com certeza, entendia como eu me sentia: "Não entendo o que faço. Pois não faço o que desejo, mas o que odeio" (Romanos 7:15).

Talvez já tenha tido momentos do tipo "fez-se a luz" como eu tive — um encontro com a morte, uma mensagem de domingo que juraria que foi apenas pregada para você, um chamado divino em um lugar inesperado. Você fez seus votos, mas conseguiu sair de lado a tempo de recusar a entrega total e voltou para seu antigo ego de superintendente.

Minha volta ao antigo padrão foi assim: voltei a ser *mais uma vez* uma mulher autossuficiente que recorria ao Google antes de recorrer a Deus; aquela que tentava administrar os resultados, que se apressava e se esforçava para resolver o problema com as próprias mãos. Esse é o jeito americano de ser, *baby* — valorizar o individualismo, fazer seja o que for que decidiu em sua mente.

Nós nos tornamos assustadoramente autossuficientes — até mesmo como cristãos. Acreditamos em Deus, mas não confiamos nele nem dependemos dele para valer. Administramos nossa vida, em vez de vivê-la. Oramos: "Dá-nos hoje o nosso pão de cada dia", mas se ficarmos sem pão, pegamos o carro e vamos até o supermercado para comprar uma grande quantidade do que não precisamos de fato.

Somos uma sociedade de solucionadores de problema e administradores de resultados. Não educamos meramente nossos filhos; mas controlamos quem eles serão. Somos mais do que pais helicópteros, sabe, aquele tipo de pais que fica pairando em cima dos filhos sem perdê-los de vista; somos pais do tipo que "apara a grama". Em vez de "pairar", como os pais do tipo helicóptero, sobre a vida dos filhos, damos um passo adiante — limpamos o caminho preferido para nossos filhos.[3]

Eis uma verdade muito louca: em um mundo que parece estar fora de controle, *temos* na verdade mais controle do que nunca. Aparelhos móveis para rastrear a localização de nossos filhos, para mostrar nosso batimento cardíaco, para administrar nossa conta bancária. Gestão de dor para o que sofre. Agentes especializados para manter os aeroportos seguros. Ainda assim, os norte-americanos, apesar de todo esse controle, estão entre as pessoas mais ansiosas do mundo.[4]

Se temos tudo sob controle, por que estamos tão destruídos e exauridos?

"NÃO SOU O CRISTO"

Trato Deus com muita frequência como um empregado da minha vida, em vez de como o diretor supremo dela. Tinha medo do que aconteceria se o deixasse liderar de fato minha vida. Se entregasse meu casamento nas mãos dele, será que o casamento sobreviveria? Se entregasse minhas filhas a Ele, elas ficariam bem? Se deixasse minhas finanças nas mãos dele, será que as contas seriam pagas?

Mais de dois mil anos atrás, João Batista mostrou como é deixar Deus ser Deus. Ele foi o mensageiro designado por Deus para anunciar a chegada de Jesus. Os sacerdotes e os levitas continuavam a fazer perguntas do tipo "Quem é o cara que come coisas estranhas e usa roupas ainda mais estranhas?". João foi direto ao ponto e contou quem era e o que

. . . .
[3] Os especialistas também se referem a essa turma de hipervigilantes como pais do tipo limpa-neve ou escavadeira. Seja como for o modo com que denominam, esse é o tipo de pais e mães que carrega todo o equipamento pesado em um esforço para manter os filhos seguros.

[4] T. M. Luhrmann, The Anxious Americans, New York Times, 18 de julho de 2015, https://www.nytimes.com/2015/07/19/opinion/sunday/the-anxious-americans.html.

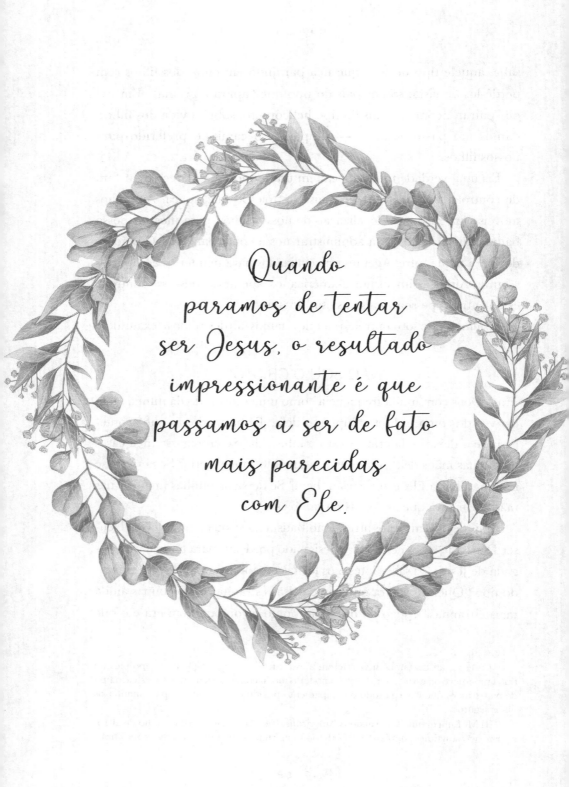

Quando paramos de tentar ser Jesus, o resultado impressionante é que passamos a ser de fato mais parecidas com Ele.

veio fazer. Ele fez todo mundo saber que *estava* primeiro dizendo a eles quem ele *não era*: "Não sou o Cristo" (João 1:20).

Quero que isto seja verdade na minha vida: que consiga deixar Cristo ser Cristo. Não sou o Cristo! Não verifiquei nos textos gregos nem nada, mas tenho quase certeza de que Deus não está aceitando candidatos para o lugar dele.

Repita comigo: "Não sou o Cristo".

Quando paramos de tentar *ser* Jesus, o resultado impressionante é que passamos a ser de fato mais *parecidas* com Ele. Começamos a ouvir com mais clareza o que Ele fala. Conseguimos uma percepção mais clara da direção que Ele quer que sigamos. Tomamos decisões melhores. E, enfim, amamos da maneira como Ele ama, o que foi nossa motivação o tempo todo.

Como acabamos nessa situação?

Acabamos nessa situação por causa do amor. E também é assim que vamos sair desse lugar onde estamos estateladas no chão, como eu naquele dia na neve, completamente impotentes. Com amor.

Mas nem tudo depende de nós. Vamos sair desse lugar pelo *poder do amor de Deus que nos compele*. Acredito nisto do fundo do meu coração: no aperto firme das mãos de Jesus, não seremos limitadas nem coagidas. O aperto da mão dele vai nos libertar.

SOBRE AQUELE NATAL EM QUE FIQUEI ESTATELADA NA NEVE

Talvez você esteja se perguntando se encontrei o verdadeiro sentido do Natal que queria encontrar tão desesperadamente quando fiquei ali estatelada na neve.

As semanas passaram, e chegou a véspera do Natal. Imagine só: a lareira falsa estava acesa com chamas sintéticas alimentadas com gás. O CD da família Osmond estava rodando no CD player pela milésima vez na temporada. Enquanto tirava outra leva de biscoitos do forno, Anna entrou na cozinha antes da hora de dormir.

Momentos de feriado que trazem nosso pior à tona

- Você alugou cadeiras extras para a sala de estar, mas os convidados insistem em se demorar na sua pequena cozinha.
- Seus filhos insistem em ajudar você na decoração da árvore de Natal, mas não gostam de simetria.
- Seu marido pega uma fatia de queijo da bandeja, fileiras todas arrumadinhas, antes de todos chegarem e bagunça toda a bandeja.
- Sua sogra ultrapassa — e em muito — o limite de presentes estipulado para as crianças.
- Você planejou tudo para trinta pessoas. Vieram cinquenta.
- Você terminou as compras de Natal em julho — e agora esqueceu onde escondeu todos os presentes.
- Sua família decide fazer uma viagem no feriado, mas a interpretação deles de "saímos às seis horas da manhã" não é a sua interpretação de "saímos às seis horas da manhã".

— Mamãe — disse ela —, acho que você devia pôr um pouco de feno na manjedoura.

— Você está falando isso por causa dos biscoitos? — perguntei contente por ela ter percebido meu gesto de bondade.

— Não, mamãe — respondeu ela —, porque você nos ama e nos ajuda a saber sobre Jesus.

Menina, por mais que eu bagunce as coisas alguns dias, há outros dias em que faço certinho. Preciso me agarrar a esses momentos.

Fui colocar a Anna na cama, apaguei a luz e, depois de todos estarem na cama, pus um pouco de feno na cena da manjedoura. Tive um sentimento bom de que estava certa dessa vez. Fiquei ali por um momento sob a luz do luar que atravessava a janela e se fundia ao nosso pequeno presépio. Pensei no que tinha aprendido naquele ano.

Houve dias em que meu amor pelos meus entes queridos me deixou estatelada no meio da neve. Houve dias em que fiz tudo errado; mas teve alguns dias em que agi certo.

E você também vai fazer a coisa certa. Lembra-se daquilo que a motiva? É o amor. Agarre-se firme a ele, pois o amor vai ajudar você.

À medida que seguimos nessa jornada, vamos ter mais dias de acerto que de erros.

Tenho certeza disso. E sim, ainda vamos fazer coisas ridículas em nome do amor.

Naquela noite, antes de ir dormir fiz um juramento de abrir mão um pouquinho mais a cada dia. Pedi a Deus que pusesse nas minhas mãos o que Ele tinha intenção de me dar para me sustentar ao longo do caminho. E pedi para me impedir de monitorar constantemente o que estava apenas nas mãos dele.

(Fiz mais dois juramentos naquela noite: nunca brincar ao ar livre nas horas logo após uma nevasca e guardar meu cartão de crédito na minha carteira, em vez de deixá-lo no bolso de trás da calça.)

Descobri o sentido do Natal naquele ano. Descobri o sentido do Natal nos cânticos natalinos, nos biscoitos com cobertura, na neve suave caindo lá fora. Encontrei o sentido do Natal quando nossa família estava toda juntinha no sofá com as mãos na tigela cheia de pipoca enquanto assistíamos a *Um duende em Nova York*. Encontrei o sentido do Natal nos gritos alegres das meninas quando abriram o pacote com suas bonecas. Encontrei o sentido do Natal até mesmo na atividade mais comum em nosso Natal: forrar a manjedoura de Jesus com feno.

Mas, acima de tudo, encontrei o sentido do Natal na história: "Hoje, na cidade de Davi, lhes nasceu o Salvador, que é Cristo, o Senhor" (Lucas 2:11).

A história de Jesus descendo à Terra é uma bela imagem do que significa abrir mão e dar tudo de si a esta vida — tudo em nome do amor.

Obrigada, Jesus.

Acabando com o "modo controle"

1. *Modo controle contínuo*. Criei um modo contínuo para ajudá-la a equacionar quando passa de um padrão de comportamento saudável para um não saudável. Talvez você pergunte: o que é um modo controle contínuo? Sabe, aqueles quadros nos quartos de

hospital em que você tem de descrever seu grau de dor baseada na escala de rosto sorridente? Pois é, isso é um contínuo.

Analise o Código de Controle Contínuo na página 235 e depois volte a ela com regularidade, pois isso a ajudará a determinar o que pode fazer para funcionar na "zona saudável".

2. *"Não sou o Cristo".* Peça a Deus para fazê-la se lembrar das vezes em sua vida em que suas boas intenções e bons motivos acabaram não dando certo, como aconteceu comigo no Natal. Pense nas vezes em que tentou comandar um projeto da escola de seu filho, tentou resolver um conflito em favor de outra pessoa, "endireitar" seu marido ou criar uma experiência memorável, só para acabar estressada (e estressar todo mundo).

Escreva no seu diário ou em uma folha de papel uma palavra ou uma frase que represente esses momentos em sua vida. Atrás de cada uma delas, escreva "Não sou o Cristo".

3

Impressionante

QUANDO ESTAR "NO CONTROLE" SAI DO CONTROLE

A sala de mamografia. O único lugar do mundo onde me sinto totalmente fora de controle e, bem... vulnerável. Se você ainda não fez mamografia, não se preocupe, não é tão ruim assim. É quase tão prazerosa quanto você pode imaginar. Para as não iniciadas, tente isto para ter um efeito semelhante: dispa-se na cozinha, abra a porta da geladeira, insira uma mama, deixe que uma mulher estranha feche a porta nela, prenda a respiração, e morra um pouquinho por dentro. Mude o lado. Repita tudo.

Fiz minha mamografia anual no mês passado e, como sempre, aquela ansiedade, minha conhecida de longa data, cresceu em meu interior. Não é o procedimento em si o que mais me aborrece. É o retorno.

Todo ano, uma enfermeira recomenda que eu volte ao consultório para o acompanhamento do teste porque o tecido da minha mama é muito denso, o que torna difícil a detecção de tumor. (Estou um pouco emocionada com o fato de você e eu já termos nos tornado tão próximas, a ponto de podermos falar abertamente sobre densidade de mama.)

No último mês, recebi outra ligação de retorno e voltei para o ultrassom para acompanhamento médico. Os ultrassons são tipicamente longos porque minhas mamas não só são densas, mas também tem vários cistos espalhados por elas. Esses cistos, à primeira vista, podem parecer tumor. Como você pode imaginar, a consulta para fazer o ultrassom é bem estressante até eles verificarem tudo e me liberarem.

Na minha consulta recente, a técnica de ultrassom comentou sobre meus tecidos mamários císticos: "Minha cara", disse ela, mexendo uma varinha de ultrassom na tela, "você tem mamas bem ocupadas".

É, isso aí. Mamas ocupadas. Que coisa!

Imagine só: até meus seios são ocupados.

O ALTO PREÇO DE SER IMPRESSIONANTE

Sempre fui uma garota ocupada.

Talvez você possa se identificar comigo. As pessoas perguntam como você está, e sua resposta, na maior parte das vezes, é "ocupada". Você é ocupada da cabeça aos pés — e no meu caso, em um monte de lugares, até mesmo no momento de descanso. Estar ocupada é um subproduto natural de uma mulher responsável como você, de quem os outros dependem. Você nunca pretendeu entrar nessa roda-viva, mas, quando se encontra girando como pião de cá para lá, não sabe como sair dessa situação.

Estou fascinada com a pesquisa de Ann Burnett sobre o impacto do estilo de vida acelerado. Burnett, professora na North Dakota State University, contou a um entrevistador como foi convidada para falar em uma conferência sobre o "ritmo de vida". O convite veio algumas semanas antes do Natal, e enquanto ela ponderava o tópico, uma avalanche de cartões de fim de ano chegou em seu e-mail. Em todos os cartões, "as pessoas falavam sobre como eram ocupadas, como os filhos eram ocupados, como estiveram tão ocupadas no último ano que não escreveram nem mesmo uma carta. Todos eram ocupados, desde a criança de cinco anos até o aposentado".[1]

· · · · · · · · · · · · · · · · ·
[1] "How Being Busy Became a Badge of Honor", *MPR News*, 21 de março de 2016, https://www.mprnews.org/story/2016/03/21/the-drive-to-be-busy.

Acontece que os cartões de fim de ano de seu próprio pastor, sacerdote ou líder de jovens podem não ser muito diferentes. Os líderes de ministério, muitas vezes, têm compromissos demais, contudo não conseguem se negar a assumir algum compromisso. Eis aqui a ironia: os líderes cristãos são chamados a conduzir os outros a um lugar de descanso — porém, eles mesmos raramente se permitem fazer isso. Mesmo que você não esteja em uma posição de liderança de ministério, as chances são de que se sinta ocupada. Em uma pesquisa, foi solicitado a 752 líderes cristãos que respondessem a esta declaração: "As ocupações e as atividades da minha vida interferem no desenvolvimento do meu relacionamento com Deus". Setenta e cinco por cento dos pesquisados responderam que isso é "muitas vezes" ou "quase sempre" verdade para eles.[2]

Esse é um percentual espantosamente alto, em especial para um grupo de pessoas que seguem o Príncipe da Paz e o Autor do descanso.

Bem, para o melhor e para o pior, sempre me descrevi como uma mulher ocupada. Quando tinha vinte e dois anos, deixei nossa família mais cedo no Natal para escrever obituários para o jornal. Era estagiária do jornal da faculdade para o *De Moines Register*, e meu editor precisava que me reportasse ao balcão de óbito ao meio-dia.

Meus pais ficaram ao lado de nossa árvore de Natal cintilante e com flocos de neve e acenaram da janela da sala de estar quando saí da garagem triturando a neve sob os pneus do meu carro. É claro que eles estavam tristes de me ver ir embora em um feriado, mas mais que o desapontamento deles, senti o orgulho deles. Talvez estivessem vendo o fruto do trabalho deles como pais. Tinham tido sucesso ao me moldar em uma jovem mulher com uma firme ética de trabalho e um profundo senso de responsabilidade.

. . . .

[2] Michael Zigarelli, "The Epidemic of Busyness among Christian Leaders", CT Pastors, *Christianity Today*, julho de 2007, http://www.christianitytoday.com/pastors/2007/july-onlineonly/100405.html.

TUDO SOB CONTROLE

O trabalho árduo corre em nossas veias. Meu pai, filho e neto de fazendeiros, era presidente de uma empresa de elevadores de grãos. Minha mãe não tinha um cargo sofisticado, mas ela, como mãe e dona de casa, cuja ética foi aprendida nos celeiros com o pai dela nas décadas de 1940 e 1950, era uma das pessoas mais trabalhadoras que conheci. Ela, como adulta, de alguma forma conseguia manter uma casa impecável enquanto criava quatro filhos, cantava em um trio itinerante e era voluntária em nossa comunidade.

Todos os meus irmãos cresceram para ter empregos com cargos elevados em administração ou vendas e também se casaram com pessoas de opinião. Meu irmão mais novo é um dos vendedores de caixões mais bem-sucedidos do país, mas ele não se contentava com conhecer apenas um caixão com seus acessórios. Ele queria entender a ciência e o cuidado do corpo, então se formou em ciência mortuária.

Eu, como meu irmão que vende caixões, estava intensamente consciente de que a morte não tira férias. Isso significava que a redação precisava de alguém para trabalhar no balcão de óbito no dia de Natal. Quando me perguntaram se podia, aceitei a função. Talvez ainda não tivesse aprendido como dizer não. Talvez tivesse medo de desapontar alguém. Talvez simplesmente me lembrasse da verdade: *sou a estagiária*.

Assim, fiquei obedientemente sentada ali à minha escrivaninha, longe dos meus parentes, que, sob o êxtase de um jantar de peru, assistiam com pálpebras semicerradas enquanto o personagem George Bailey [do filme *A felicidade não se compra*, de Frank Capra] aprendia o significado da vida em sua cidade natal, Bedford Falls. Mas não me lembro de ter algum sentimento de arrependimento ou de perda. Lembro-me do editor ter me encontrado na entrada da redação e me dizer como foi "maravilhoso" eu aceitar o plantão de Natal. Lembro também como isso me deixou impressionada.

No fim, sou grata pela disposição genética direcionada para a produtividade e para a confiabilidade. Consigo em geral realizar muitas tarefas ao mesmo tempo, e se você me pedir para fazer alguma coisa, considere feito. São poucas as coisas na vida que me dão mais alegria

56

do que saber que meu trabalho deixa a vida de alguém melhor ou mais feliz. Esse sistema de valores era a principal tônica no meu trabalho como repórter. Mas esse mesmo desejo acabava resultando em longos dias de trabalho simplesmente porque eu não conhecia o significado da palavra *moderação*. Você conhece o dito, "Se quiser que algo seja feito, peça a uma mulher ocupada para fazer isso". As pessoas continuavam a pedir, e eu continuava a responder com uma série incontrolável de sins.

Deixei a redação do jornal quando estava em meados dos meus trinta anos. Mas mesmo quando me tornei mãe e comecei a trabalhar em casa, passei a ser uma trabalhadora multitarefas de alto funcionamento que, enquanto falava com um editor de livro por telefone, separava a roupa para lavar com os pés, e não com as mãos, pois estas estavam ocupadas balançando o berço da minha filha que acabara de vomitar em mim.

Minha alta tolerância a alta carga de trabalho ainda me deixa bem impressionada porque em geral consigo pensar no dia em retrospectiva e encontrar alguma coisa que realizei. Talvez você também seja assim. No fim do dia, você examina sua lista de afazeres e vê a marca *feito* em cada item e fica impressionada.

Até que não consiga mais tocar a vida nesse ritmo.

Você consegue lidar com um monte de tarefas ao mesmo tempo até entregar os pontos.

Você *faz, faz e faz,* e ainda aceita fazer mais alguma outra coisa, achando que consegue lidar com tudo, lembrando-se da agitação que consegue com a produtividade.

Quando fiz quarenta anos, comecei a olhar minha vida de um modo mais reflexivo. Percebi aqueles dois semicírculos escuros sob meus olhos, que me olhavam fixo na imagem no espelho. Tinha também aquela postura com os ombros um pouco caídos, e aquele bocejo durante o jantar, o torpor, a percepção de que tinha ido longe demais. De novo.

Então me empenhei em conseguir diminuir o ritmo, mas com o tempo voltei mais uma vez ao meu modo ocupado.

Isso soa familiar?

Esse é o alto preço pago por ser impressionante.

Pense em você mesma como uma despensa em uma casa novinha em folha. Quando desenhamos nossa casa entre os campos de milho, o construtor desenhou uma grande despensa na planta — um lugar para armazenar conservas, livros de receita e eletrodomésticos pequenos. Quando nos mudamos para a casa, tínhamos tanto espaço na despensa que eu podia literalmente ter fileiras organizadas de vasilhas com espaço de sete centímetros entre elas. Um ano depois, não conseguia achar espaço naquela mesma despensa sequer para uma única caixa de cereal. Então, na mesma hora tirei alguns itens — biscoitos envelhecidos, alimentos enlatados vencidos. Mas rapidinho mais coisas deixariam a despensa abarrotada, forçando-me a voltar mais uma vez à despensa com um saco de lixo.

É assim que a sua vida pode ficar: você se entusiasmou demais e agora não tem espaço para mais nada. Examina as prateleiras da sua vida e joga fora alguns itens sem pestanejar — você sabe o que fazer, desiste de um comitê e deixa de lado um convite para fazer parte de um segundo grupo do clube do livro. Você se empenha para fazer melhor daqui para a frente, esfrega as mãos e... segue em frente.

Mas invariavelmente você anseia pela agitação da produtividade. Um impulso interior a compele a encher as prateleiras de novo. Sua agenda a escraviza, de novo. O padrão se repete a cada poucos meses, e você fica com o sentimento de que nunca vai conseguir de fato corrigir isso.

De minha parte, achava que esse problema, que me perseguiu a vida toda, seria resolvido quando nos mudássemos da cidade para a fazenda. A mudança diminuiu muito minhas responsabilidades de trabalho, mas mantive meu trabalho no jornal, passei a trabalhar meio período e escrevia apenas um punhado de histórias toda semana do meu escritório na fazenda.

No entanto, como sempre fiz a vida toda, voltei a encher as prateleiras da minha vida — dessa vez com coisas novas, como se tivesse descoberto um corredor novinho em folha no supermercado cheio de novidades e, não sendo capaz de resistir, enchi a despensa. Passei a ser uma trabalhadora para Jesus tremendamente ocupada. Comecei um blogue, dava aula de jornalismo em uma faculdade cristã da redondeza, liderava o programa de férias da Escola Bíblica e, mais tarde, comecei a escrever livros e dar palestras pelos Estados Unidos. Enquanto fazia essas coisas também era mãe de duas meninas, esposa de um fazendeiro e cuidadora de um pequena ninhada de gatos.

Agora, depois de ver tudo isso por escrito, percebo que minha vida parecia um castelo de cartas que estão sempre prestes a despencar.

Minha tendência de estar "no controle" de um monte de coisas muitas vezes saía do controle. É claro que ainda assim eu afirmaria que tudo estava sob controle, mas em alguns raros momentos de honestidade comigo mesma, eu sabia que não estava. Vamos dizer que amontoei as prateleiras da despensa com coisas até não ter mais espaço para nada, nem para um fiozinho de cabelo que fosse.

Boa parte desse exagero de atividades era para provar a alguém que eu era capaz. No jornal, tentava ser aprovada pelo editor me esforçando para ser "impressionante". Vou falar com você de forma direta. Depois de alguns anos no ministério, conseguia ver um novo problema se desenvolvendo. Comecei a tentar provar a mim mesma diante de Deus. Queria ser impressionante para Jesus.

Em algum momento entre a redação do jornal e a fazenda, meu amor por Jesus ficou imenso. Se você ler alguma coisa que escrevi nesse período, jamais deixaria de ver o quanto amava Jesus. Se você lesse minhas postagens no Facebook, saberia o quanto eu amava Jesus. Se ouvisse meus principais discursos nas palestras, saberia o quanto eu amava Jesus. Se ouvisse minhas orações particulares com nossas filhas, saberia o quanto eu amava Jesus.

Deus sabe que eu o amava muito naquela época, um amor que continua a aumentar até hoje. Tem havido estações estéreis e secas com Jesus, mas com bastante frequência também há estações intensas e fervorosas. Quero que Ele saiba o quanto o amo e como Ele é o motivo para tudo.

Jesus, no entanto, mostrou-me uma falha em meu pensamento quando entrou na despensa da minha vida. Ele olhou todas aquelas coisas nas prateleiras e pareceu dizer: "Jennifer, sei por que está tão abarrotado aqui. Às vezes você amontoa suas prateleiras porque quer que as pessoas a achem impressionante. E às vezes amontoa as prateleiras para demonstrar seu amor por *mim*. Mas você tem de parar de fazer isso. Essas prateleiras não foram feitas para aguentar esse tipo de peso. Vejo tudo que você está fazendo, mas tem uma coisa que você continua a negligenciar. Você não negligencia seu amor pelas pessoas e não negligencia seu amor por mim. Mas você está de fato perdendo de vista a coisa mais importante de todas. A coisa mais importante a seu respeito não é quanto amor recebe das pessoas. Nem mesmo o quanto você me ama. A coisa mais importante é *o quanto eu amo você*".

IDENTIFIQUE SUA VERDADEIRA IDENTIDADE

Trabalhar com afinco é uma maneira de dizer às pessoas que as amamos — "Veja como eu me importo com você. Vou trabalhar de sol a sol porque amo muito vocês".

Dizemos a mesma coisa para Jesus: "Vou dizer sim para tudo, Jesus, porque quero que saiba o quanto o amo".

Gosto disto a nosso respeito — o fato de nosso coração tender a tornar o mundo um lugar mais amoroso. Nosso trabalho dedicado, no entanto, não vem do desejo de *provar* nosso amor. Ao contrário, quando fazemos nosso melhor, nosso trabalho tem de ser uma resposta ao amor que *já nos foi dado* por Deus.

Falando de outro modo, nosso trabalho não pode ser a fonte da nossa identidade. Nosso trabalho tem de ser uma *extensão* da nossa identidade mais verdadeira — em Cristo.

A questão da identidade é um assunto criticamente importante para ser tratado em um livro como este. Por quê? Porque as coisas que queremos controlar são desfiguradas pela exteriorização de nossa crise de identidade como se fosse um grafite borrado. Como sabemos se estamos em crise? Quando somos honestas com nós mesmas, vemos áreas sob a superfície do nosso grafite que não estamos dispostas a entregar a Jesus. Queremos nós mesmas lidar com isso e escrevemos *meu* com spray nesses cantos.

Para ter nosso modo controle sob controle precisamos ser honestas conosco quanto a nossa identidade e nossos motivos. Vamos fazer a nós mesmas as seguintes perguntas:

Trabalho com tanto afinco porque isso flui do poder de Cristo em meu interior ou trabalho com todo esse afinco porque não sei quem sou de fato se não continuar me esforçando?

Crio meus filhos em parceria com Deus ou administro os resultados para eles — recusando-me a deixá-los falhar, salvando-os a todo

Maníacos por controle que não podemos deixar de amar

- Leslie Knope, da série *Parks and Recreation* — se algo precisa ser melhorado, chame a Leslie. "Pego sua ideia e faço melhor", ela disse certa vez, e disse mais: "Sou grande o suficiente para poder dizer com frequência que sou inspirada por mim mesma!".
- Mônica, da série *Friends* — ela tem onze categorias de toalha.
- Joan Harris, da série *Mad Men: inventando verdades* — "Sou encarregado de pensar coisas antes de as pessoas saberem que precisam delas".
- Hermione, de *Harry Potter* — "Você está falando errado. É Leviôsa, e não LEVIOSÁÁÁÁ".
- Rabbit, do filme *Winnie the Pooh* — ele fica muito frustrado quando as pessoas estragam seu jardim.
- Sheldon Cooper, da série *The Big Bang Theory* — Sheldon fez certa vez seu colega de apartamento assinar um acordo determinando o tempo que ele tinha para usar o banheiro.
- Jack Byrnes, do filme *Entrando numa fria* — Jack, papel de Robert De Niro no filme, fez o namorado da filha passar por um teste de polígrafo.
- Randall Pearson, da série *This is Us* — sua esposa pergunta: "O que você está escrevendo, querido?"; ele responde: "Uma lista dos motivos pelos quais fico louco da vida com minha mãe. Até aqui já tenho vinte e dois motivos".

momento — porque acidentalmente me tornei uma minissalvadora para meus entes queridos?

Quem sou eu de fato?

Aí, vem João, o discípulo a quem Jesus amava, para nos mostrar o caminho.

Vamos para o último dos evangelhos, escrito por esse discípulo. João era um amigo querido de Jesus, um dos mais próximos, e é indiscutível o fato de que ele amava Jesus profundamente. Folheie as páginas para ver a prova do amor de João por Jesus. Como ele se mantinha perto do Mestre! Veja, João amava tanto Jesus que se sentou ao lado dele na mesa da última ceia. João foi o discípulo que ficou ao lado da cruz quando Jesus morreu. E Jesus, no fim da sua vida, pediu a João para cuidar de sua mãe, Maria. O evangelho de João revela o grande amor do discípulo pelo Mestre.

Veja bem! João não descreve a si mesmo como alguém que ama a Jesus. Ao contrário, ele se identifica apenas como "aquele a quem Jesus amava". Essa frase não aparece em nenhum outro lugar na Bíblia a não ser no evangelho de João. O apóstolo descreve a si mesmo dessa maneira, não uma, mas cinco vezes.

Tenho de confessar que costumava achar arrogante a caracterização de João de si mesmo como "aquele a quem Jesus amava". *Quem João achava que era? Ele se via como o favorito de Jesus?*

Minha percepção estava toda errada. Acontece que João simplesmente sabia que era amado por Deus; por isso, ao escolher as palavras para descrever a si mesmo, escolheu palavras que revelavam sua identidade.

Jesus era a relação definidora na vida de João; por essa razão, João descrevia a si mesmo como uma pessoa amada pelo Salvador. Sempre entregamos nossa vida aos amores e às influências que definem nossa vida.

O que está em primeiro lugar na nossa vida? Seja o que for que estiver em *primeiro* em nossa vida é o que *mais* nos controla.

João via Jesus como a força primeira do amor em sua vida, por isso estava disposto a entregar o controle de tudo a Ele. João, em cada capítulo de seu evangelho, revela a divindade de Jesus, mostrando que sabia quem Jesus é de fato. João entendia como era abrir mão do controle e deixar os assuntos nas mãos de Deus. Ele percebia que sua obra era uma extensão de sua identidade, e não o contrário.

João funcionava na vida como o discípulo "a quem Jesus amava".

Sinto-me mal em pegar no pé de Pedro, mas aposto que ele teria descrito a si mesmo como "o discípulo que ama a Jesus", em vez de se descrever como "aquele a quem Jesus amava".

Pedro teve atitudes dramáticas para demonstrar esse amor por Jesus. Ele demonstrava uma tendência a controlar as situações de modo impulsivo, como se estivesse a fim de provar seu amor por Jesus. Pedro desembainhou a espada para demonstrar esse amor. Ele pulou do barco para provar esse amor.

"Darei a minha vida por ti" (João 13:37).

"Nós deixamos tudo para seguir-te" (Mateus 19:27).

"Ainda que todos te abandonem, eu não te abandonarei" (Marcos 14:29).

Imagine só, Pedro tentava controlar os resultados para Jesus! Mas antes de sermos muito severas ao julgá-lo, vamos lembrar que ele, como João, amava seu Mestre. Ele pretendia sem dúvida abandonar tudo por Jesus. Mas nós, como Pedro, não atravessamos a linha por amor pelos outros? Podemos provocar um dano real quando tentamos ser a salvadora de alguém.

Reflita sobre a mudança mental que acontece quando focamos principalmente o amor de Jesus por nós, em vez de nosso amor por Jesus.

Em vez de trabalharmos para provar nosso amor, trabalhamos porque Jesus *já* provou seu amor por nós.

Vamos ver como é isso em uma situação do cotidiano. Alguém pergunta se você estaria disposta a preparar algumas guloseimas para a formatura das crianças do jardim de infância. Você não tem absolutamente tempo algum porque trabalha em um emprego em tempo integral e já concordou em trabalhar numa feira de livros. Você quer recusar, mas sente como se desapontasse as pessoas caso se recusasse. Fica preocupada que ao se recusar fique parecendo ser uma mãe ruim. Então você concorda em atender ao pedido.

No fim, seu sim se transforma em você provar a si mesma e provar seu amor.

Provar para o chefe. Provar para os parentes. Provar para os funcionários. Provar para os acionistas. Provar para as outras mães na festa de formatura. Provar para Jesus.

Pedro era uma pessoa que sempre tinha de provar. Ele teria aceitado sem pestanejar a missão de preparar guloseimas.

Já quanto a João, é mais provável que ele parasse e respondesse aos pedidos para que usasse seu tempo filtrando-os por meio de sua identidade: "Eu sou aquele a quem Jesus amava". Se nossa relação com Jesus é o que nos define, então toda decisão — grande ou pequena — passa por esse filtro. Assim, em vez de aceitar a incumbência para provar nosso amor e devoção pelas pessoas ou por Jesus, podemos experimentar a liberdade de dizer não baseadas no fato de que não temos de provar nada. Já *somos* amadas.

Nossos atos na vida sempre seguem nossas escolhas. Nossa primeira decisão é escolher nossa identidade primária. Nosso cuidado com os outros não é nossa identidade primária. Nossa produtividade não é nossa identidade primária. Ser "impressionante" não é nossa identidade primária. Nossa identidade primária, como filhas de Deus, é Jesus. Por isso, seu poder se estende a nós, a nosso trabalho, a nossas prioridades, a tudo o que somos e temos.

Eis uma ótima forma de descobrir qual é de fato sua identidade primária: "Quais são as coisas que, caso fossem tiradas, estilhaçariam a identidade que me define?".

É seu trabalho? Sua agenda? Seu esforço para proteger seus filhos do sofrimento? É isso que a incita a sempre dizer sim?

Eu, de minha parte, só percebi quanto minha identidade estava presa ao meu trabalho quando deixei a redação do jornal e fui para a fazenda. E depois levei anos para entender como construir minha nova identidade em torno do meu trabalho ministerial. Talvez uma forma de trabalhar parecesse mais santa do que a outra, mas nos dois casos, eu me vi vivenciando um caso de identidade equivocada — avaliando meu trabalho com base na minha utilidade.

E era aí que me encontrava no início dessa jornada — cansada, exaurida e tentando encontrar uma maneira de renunciar a tudo que ameaçava minha identidade mais verdadeira.

O controle tem sido sempre um assunto do coração. Para mim, a batalha por meu coração é travada regularmente nos quadradinhos da minha lista de afazeres. A tônica dessa batalha muda em favor de Deus quando resolvo a questão de identidade.

Que o nosso grito de guerra seja "Sou aquela a quem Jesus ama".

TUDO BEM CORRIGIR O CURSO

Estou nessa jornada com você, reivindicando todos os dias minha identidade correta, seja o que for que tenha, em *primeiro lugar*, mais controle sobre mim. Tenho de corrigir o curso da jornada com frequência quando desvio para os antigos padrões. E mesmo quando retrocedo, vejo-me irrevogavelmente amada. Isso mesmo, até mesmo nessas ocasiões.

Enquanto leio sobre "aquele a quem Jesus amava", encontro uma bela surpresa no texto grego original. A tradução literal desses versículos pode ser "aquele a quem Jesus *continuou amando*".[3]

Jesus continua nos amando. O amor dele por nós não é condicional.

Quando assumimos coisas demais, Ele continua nos amando.

....
[3] George H. Dawe, *We Knew Him: Personal Encounters with Jesus of Nazareth* (Bloomington, IN: WestBow Press, 2012), p. 39.

Quando nos envolvemos demais com uma situação difícil a ponto de perder o controle, Ele continua nos amando.

Quando precisamos de uma correção de curso, Ele continua nos amando.

Quando nos comprometemos com coisas demais, Ele continua nos amando.

Quando entregamos menos, Ele continua nos amando.

Quando dizemos sim, Ele continua nos amando.

Quando dizemos não, Ele continua nos amando.

Quando acreditamos ridiculamente que o controle é todo nosso, Ele continua nos amando.

E quando, por fim, percebemos que não é, Ele continua nos amando.

Que alívio!

Minha amiga, examine sua vida. Você precisa desse tipo de alívio.

Você precisa saber que não importa o que aconteça, Jesus continua amando você.

Vejo você no corredor do supermercado, na fila do banco, na ponta da arquibancada e no Facebook. Por trás de um leve sorriso, vejo o cansaço que você carrega. Você está tentando fazer todas as coisas certas, manter as crianças contentes, o gramado aparado, a agenda organizada. As coisas estão enlouquecidas no trabalho... e quando foi a última vez que alguém lhe disse um simples obrigado?

Vejo você. Vejo o alto preço pago por você para ser impressionante. Vejo como você faz tudo que pode por causa do seu amor pelas pessoas e do seu amor por Jesus.

Você não tem nem mesmo certeza de que é uma ótima serva de Jesus ao ver como esqueceu seu tempo de quietude pelo quarto dia seguido. Sua vida de oração parece obsoleta. E quem consegue encontrar quietude no caos dos seus dias? Quem consegue guardar cinco minutos para ficar quieta?

Mas vejo algo mais em você que talvez você não veja neste exato momento. Torço para que você também possa ver. Vejo um espírito guerreiro em seu interior. Você é forte para muitas pessoas. Em sua casa, em sua atividade como enfermeira, cozinheira, lavadeira, animadora, motorista. Em suas amizades, você é uma comediante, ajudadora e ombro no qual chorar. Você é sábia. É divertida. Não se abala com as derrotas que este mundo distribui, e é a primeira a defender o prejudicado. Isso não é pouca coisa.

Vá com calma e pegue leve com você mesma, minha querida. Você é aquela a quem Jesus ama.

Você sabia disso?

E você é aquela *a quem Jesus continua amando.*

Por causa do amor incessante dele por você, às vezes, Ele pede para você dizer não. Ele a empodera para fazer isso. Outras vezes, Ele pede a você para dizer seu corajoso sim. Mas não deixe que seu valor seja vinculado a quão bem você se saiu para as pessoas. Não deixe sua motivação ser "tenho de fazer isso ou ninguém mais fará".

Deixe que tudo que você faz seja uma resposta do amor de Jesus por você. A cada dia, você e eu começamos a nos ver como os recipientes do amor de Deus, e não como máquinas que precisam empurrar, sacudir e controlar a fim de encontrar o amor e o sentido atrás dos quais todas estamos.

Não somos um *pixel* nem um algoritmo. Somos pessoas.

Nossa tendência exagerada por controle sente a pressão externa para dizer sim porque não queremos desapontar ninguém e não queremos ser chamadas de preguiçosas. Mas veja só, seu eu essencial sai de trás de toda essa produtividade para dizer "Bem, aqui estou, aquela a quem Jesus continua amando independentemente do que aconteça". Mesmo se você desapontar alguém. Mesmo se alguém a chamar de preguiçosa.

Minha amiga, você está fazendo melhor do que imagina. Está tudo sob controle. Convide Jesus a entrar em sua despensa, deixe Ele rearranjar as coisas que estão nas prateleiras e depois permita que Ele sussurre estas palavras a seu respeito: "Você é aquela a quem amo, e continuarei amando você".

Acabando com o "modo controle"

Quem é você? Acabar com o modo controle vai exigir que cada uma de nós faça uma avaliação séria de nossa identidade. O que a torna quem você é?

Se você se sentir atrapalhada ao considerar essa pergunta, pense nisso de outra maneira ao se perguntar isto: "Que coisas que, caso sejam afastadas, destruiriam a identidade que me define?".

Para estimular sua reflexão, considere seu trabalho, sua família, suas relações, as coisas que possui, sua aparência, seus anseios.

Uma a uma, comprometa-se a entregar o controle de cada uma dessas áreas para Deus.

Comece a tornar esta a sua identidade primária: "Aquela a quem Jesus continua a amar".

Experimento de identidade. Em qualquer lugar em que sua identidade seja desafiada, poste uma nota com as seguintes palavras: "Minha identidade se encontra em Jesus"; ou "Jesus continua me amando". Se sua identidade está ligada ao seu trabalho, ponha a nota na parede do seu escritório. Se sua identidade está ligada aos seus *looks*, ponha a nota em seu espelho. Se está ligada à sua maternidade, ponha a nota no painel do seu carro. Leia a declaração vez após vez até essa verdade aderir em sua alma.

4

Superpoderes

DESCOBRINDO SEUS PONTOS FORTES,
SUA KRYPTONITA E AQUELE LIMITE QUE TODAS
NÓS TENDEMOS A CRUZAR

Recentemente, uma blogueira me entrevistou via e-mail. Ela me fez uma pergunta ótima: "Que conselho você daria a uma mulher que quer deixar para trás a vida de agitação, a eficiência e os negócios para trocar por uma vida de descanso e graça?".

Há tanto cansaço por trás dessa pergunta. Na verdade, talvez você tenha decidido ler este livro porque está procurando a resposta para ela. É exaustivo se sentir como se fosse responsável por tudo.

Quando ela me perguntou como deixar para trás esse tipo de vida, fiquei meditando sobre essa pergunta durante vários dias. Durante esse tempo, minha vida era uma mistura de agitação, negócios e eficiência enquanto:

- ajudava a planejar uma festa surpresa de aniversário para uma amiga;
- terminava um capítulo deste livro;
- corri com um gatinho doente para o veterinário para receber transfusão e fiquei ali chorando com minhas filhas durante cinco horas direto enquanto o gatinho morria aos poucos a despeito dos esforços para salvar sua vida;

- marquei consulta no oftalmologista para as meninas;
- fui ao ortodontista;
- ajudei minha filha caçula a descobrir como usa sua nova bombinha contra asma;
- levei minha filha mais velha para um retiro espiritual;
- lancei uma campanha de arrecadação de fundos no meu blogue para uma organização sem fins lucrativos;
- selecionei canções de adoração para nossa igreja;
- fiz canteiros com flores;
- tomei conta de mais uma criança durante um dia enquanto a mãe dela ia a um exame médico;
- fiz planos para uma viagem ao lago;
- enviei uma série de mensagens com textos encorajadores para uma mulher jovem que mentoreio.

Aposto que sua lista de afazeres é parecida com a minha. Os detalhes são diferentes, mas nós duas operamos no mesmo patamar de loucura. A vida não é um passeio no parque, não é mesmo amigas? Durante aqueles três dias, a pergunta da blogueira ficou surgindo na minha mente. Perguntei a mim mesma: *e então, Jennifer, como você* deixa *para trás uma vida de ocupações para encontrar descanso? Sua vida tem sido uma série de atividades, uma após a outra!* Depois de três dias, sentei-me diante do computador, pus os fios de cabelo atrás da orelha e digitei a resposta que tinha ficado clara para mim:

> Você não precisa deixar *tudo* para trás para encontrar descanso. Na verdade, isso não seria realista. Está certo, Deus, definitivamente, vai pedir a você para deixar de lado algumas coisas, mas Ele também a criou para ser uma mulher eficiente e produtiva, capaz de realizar grandes coisas. Deus não nos dá a tarefa de consertar tudo, mas não se engane, Ele também não nos chama para ficarmos deitadas languidamente. Ele nos chama a fazer o trabalho incrível de fazer o melhor possível o que Ele colocou a nosso alcance. Ele nos chama a nos levantarmos.

É difícil saber quando se agarrar com firmeza ao que amamos e quando abrir mão. Então oro: "Dá-nos a sabedoria hoje, querido Jesus, para saber a diferença".[1]

Apesar de a minha vida ser atarefada, não conseguia imaginar abrir mão de algum desses treze itens. Essa lista fazia parte da corrida que Deus colocou diante de mim. Quando disse sim para tudo nessa lista, estava dizendo sim para Deus.

Tenho consciência para saber que sou uma executora e que preciso de mais calma na minha vida, mas não tenho certeza de que sempre conseguirei ter um tempo de folga dessas tarefas. (Confie em mim, vamos dedicar alguns capítulos ao descanso, à espera em Deus, para descobrir como recusar as incumbências de maneira melhor e a estabelecer bons limites. Estes virão depois.)

Além disso, sinto uma alegria imensa nos momentos em que estou a todo vapor e vivendo meu chamado. Você sabia que na verdade está tudo bem em se sentir assim? Sabia que pode ser uma executora e amar a Jesus ao mesmo tempo? Às vezes tenho o sentimento de que as mulheres cristãs acham que temos de minimizar nossa ambição. Agimos como se pudéssemos ganhar pontos espirituais se diminuirmos nossos dons porque fomos ensinadas a não confiar em nossos motivos em relação a nossas realizações. O resultado disso é que o conceito de descanso é elevado ao ápice de uma vida em Jesus, e qualquer coisa que pareça realização se torna sinônimo de arrogância ou de presunção.

Mas isso não é justo com a genialidade criativa de Deus operando em nós. Não somos chamadas para nos encolhermos. Somos chamadas para brilhar. Claro que você tem de descansar, garota. Mas você também é chamada para um trabalho relevante de liderar e ensinar, e de curar e ajudar, e de lutar pelo que é certo.

. . . .

[1] Jill McCormick, "Another Achiever Goes Rogue: An Interview with Jennifer Dukes Lee", Common-Sense Grace for the Try-Hard Girl (blogue), 8 de agosto de 2017, http://www.jillemccormick.com/jenniferdukeslee/.

Deus a equipou para fazer o trabalho incrível de fazer melhor o que Ele colocou ao seu alcance. Vamos descobrir como fazer *isso*.

DEUS QUER QUE VOCÊ SEJA UMA PARCEIRA, NÃO UMA JOGADORA

Talvez você se lembre da parábola do dinheiro emprestado que Jesus conta aos seus seguidores em Mateus 25. Na história, Jesus nos apresenta quatro personagens: o senhor e seus três servos. O senhor tem um monte de dinheiro e, como está para fazer uma longa viagem, pede a seus servos para tomar conta do dinheiro enquanto ele está fora. Os dois primeiros servos fazem parceria com o senhor ao investir o dinheiro deixado ao cuidado deles. O terceiro servo enterra sua porção de dinheiro. Quando o senhor retorna, os servos contam a ele o que fizeram com o dinheiro.

Os dois primeiros contam com alegria o bom retorno que o investimento deles trouxe. O senhor fica contente e diz aos dois: "Bom trabalho! Você soube negociar! De hoje em diante, será meu sócio" (Mateus 25:21, A Mensagem).

Seja minha parceira. O desejo do meu coração é ouvir essas mesmas palavras de Deus. Quer ser parceira de Deus em tudo com que *Ele* mais se importa? Essa parceria vai exigir que eu faça um investimento — como foi pedido aos servos que fizessem. Invisto o que Deus me dá — meu tempo, minha agenda, meus dons, minha energia e, sim, isso mesmo, minha ambição — então posso me juntar a Ele no trabalho que Ele pede que eu faça. Esse trabalho, às vezes, é cansativo. Esse trabalho, às vezes, me leva às lágrimas. Às vezes, caio na cama às 23 horas, exausta, mas sentindo contentamento por saber que sou parceira de Deus.

Não quero ser como o terceiro servo, aquele que enterrou do dinheiro. Vou ser honesta com você. Durante anos senti empatia por esse servo. O senhor ficou furioso com ele, e sempre que lia a resposta raivosa do senhor, pensava: *Uau, Deus. Isso é bem pesado. Ele não estava só tentando proteger o que o mestre dera a ele? O que tem de errado em agir com segurança?*

Eu estava errada. O evangelho não nos pede para agir com segurança. Ultimamente, vejo evidência de que as pessoas *acreditam* de fato em um evangelho que apregoa a vida segura e o conforto pessoal — e talvez eu tenha sido uma dessas pessoas. Você já viu isso? É um tipo de cristianismo do mundo ocidental que promove o "cuidado de si mesmo" mais que o tomar a cruz — como se o "descanso" em Jesus significasse que precisamos tirar mais sonecas e fazer mais seções de massagens por semana. (A propósito, amo essas duas coisas.) Mas Deus não nos chama para uma vida sem riscos. Veja aqui o que o senhor diz a respeito de agir com segurança: "Odeio essa filosofia de vida, que não aceita correr riscos. Se você sabe que sou exigente, por que não fez o mínimo que se podia esperar?" (Mateus 25:26, A Mensagem).

O terceiro servo era apenas um jogador, não um parceiro, quando se tratava de trabalhar em nome de seu senhor. Ele pegou o dinheiro que o senhor confiara a ele e o enterrou porque achou que sabia o que era melhor. Em essência, ele fez papel de Deus, em vez de ser parceiro dele. Ele fez menos que o mínimo. Não ganhou nada *porque* não *arriscou nada*.

O que essa lição significa para nós? Somos chamadas a arriscar algo. Somos chamadas, como parceiras de Deus, a investir no que o Mestre nos dá. Essa é a verdade surpreendente que raramente ouvimos — ou pelo menos que eu raramente ouvi — sobre a entrega.

Espero que você tenha alguma liberdade nisso, em especial se é envergonhada por pessoas que parecem piedosas, mas a olham de soslaio por ser "excessivamente ambiciosa". Agora, você me ouça bem: há muita coisa boa em você. O Mestre deu muito a você para investir! Ele a está convidando: "Seja minha parceira!".

Deus de fato criou mulheres como você para fazer essa aliança incrível com elas. Mulheres como você são aquelas que quero que examinem minha declaração de imposto de renda antes de encaminhar a papelada para a Receita Federal. Você é daquelas que quero que analise minha mamografia. Quero amigas em minha vida que não desistem com facilidade. Confie em mim, você é o tipo de mulher que quero editando este livro antes que chegue nas estantes.

Não sou a favor de fazer tudo o tempo todo. Mas sou a favor de, quando somos chamadas para um serviço, fazê-lo bem.

O problema com as mulheres como nós é este: fazemos um monte de coisas, mas muitas vezes as fazemos sem alegria. Deus não pretendia que fosse assim. Quando entramos em uma parceria verdadeira com Ele, como servas que investem o que Ele nos deu, recebemos uma recompensa real para nós. Nessa mesma parábola, o senhor diz aos dois servos parceiros: "Venha e participe da alegria do seu senhor" (Mateus 25:23). Outras versões da Bíblia colocam desta maneira: "Venha festejar com o seu senhor!".

Em suma, quando paramos de querer ser Deus e começamos a ser parceiras dele, a história fica realmente boa.

Mas você e eu sabemos que temos uma tendência ao exagero. Como podemos garantir que não ultrapassemos o limite para que possamos continuar em nossa alegria como parceiras dele? Prestando atenção a estes sinais de alerta:

- Estamos funcionando em nosso chamado, mas não nos sentimos realizadas.
- Sentimos como se não pudéssemos confiar em outra pessoa para fazer nosso trabalho, então assumimos a tarefa, negando aos outros a oportunidade de viver seus próprios chamados.
- Endossamos a noção de que "sou capaz, então faço" e, portanto, dizemos sim a tudo.
- Passamos, sem nem mesmo perceber, a ser supervisoras de tudo e de todos.
- Como queremos dar nosso máximo, muitas vezes nos sentimos impotentes para negar alguma nova incumbência. Aceitamos todas as incumbências, sem parar tempo suficiente para ver se Deus pretendia que nos comprometêssemos com mais alguma outra atividade.
- Temos receio de que, se dissermos não, pareça que somos covardes ou inadequadas. Então acrescentamos outra colher cheia ao

nosso prato já abarrotado, que tentamos carregar com uma mão enquanto andamos na corda bamba e dizemos o tempo todo para o mundo "Está tudo bem. Tenho tudo sob controle".

Temos de colocar nosso modo controle sob controle, para que ele não nos controle. Não podemos confundir nossas habilidades concedidas por Deus com nossas atribuições dadas por Deus.

Como eu disse à blogueira que me entrevistou, pode ser difícil saber quando seguir adiante e quando recuar. Então continuo a fazer esta oração todos os dias: "Dê-me sabedoria hoje, Jesus querido, para saber a diferença".

E vamos ouvir a resposta dele. Ele fala para nós, mulheres do século 21.

UMA NOVA MANEIRA DE ENTENDER O CONTROLE

E se Deus soubesse de fato o que estava fazendo ao criar você? E se Deus a fez como é por um motivo? E se Ele criou você de fato como um ser humano responsável, visionário e confiável para que você pudesse realizar seu chamado único neste mundo? E se você não for uma pessoa que tem de ser "consertada", mas uma pessoa cujos dons e desejos simplesmente precisam ser canalizados?

Uma advertência: as coisas que a tornam você, se não forem controladas, podem de fato prejudicar você e as pessoas que você ama quando você entra no "modo controle exagerado". Mas a maneira como Deus a fez, se canalizada do modo correto, *é, na verdade, seu superpoder.*

Você quer ser parceira de Deus. Você não pretende desempenhar o papel de Deus. Você provavelmente tem um anseio profundo de praticar de forma ativa o que Deus a chamou a fazer, mas vê como suas ações às vezes causam dano. Você quer que o que você faz não cause dano àqueles a quem ama nem interrompa sua comunicação com Deus. Você quer que o que você faz dê sentido a sua vida, em vez de deixá-la esgotada e debilitada. Contudo, às vezes, você ultrapassa o limite.

75

Eu também faço isso, minha amiga. Fico me perguntando *Como consigo identificar esse limite que vivo ultrapassando?*

Não estava satisfeita com a noção de que qualquer pessoa que tivesse um episódio ocasional de mania por controle fosse uma idiota narcisista. Comecei a pensar em algumas das mulheres mais dotadas e talentosas que conheço. São mulheres que têm uma capacidade incrível para bolar estratégias, organizar as coisas e mobilizar as pessoas.

Ainda assim, quando estão sob muito estresse ou operando a partir de um pensamento mal orientado, elas mergulham de cabeça em direção ao controle não saudável. Percebia essa mesma tendência em mim mesma. Quando estou em um estado saudável de controle, fazendo parceria com Deus, meus dias são cheios de sentido e propósito — mesmo em meio à agitação. Então, saio da linha. Nesse momento, tenho necessidade urgente de um saco de papel para respirar e alguém são para pegar minhas filhas para passar a noite.

Enquanto pensava nas vezes em que exagerei, percebi que, em geral, eram as pequenas coisas que me incomodavam. Conseguia administrar cinco tarefas difíceis ao mesmo tempo e, na verdade, considerando todas as coisas, lidar com as crises notavelmente bem. Mas se perdesse a chave do carro ou os óculos escuros, entrava no nível três de estado de alerta. Nos momentos de estresse, parava a parceria com Deus e começava a fazer o papel de Deus.

Eu costumava me perguntar: *Como posso ser uma parceira em vez de tentar ser Deus? Como posso trabalhar com Deus e a maneira como me fez, em vez de trabalhar contra Ele e seus propósitos?*

Chegar lá exigiu uma nova maneira de entender o estopim que faz com que você e eu tentemos controlar o que não podemos. Primeira coisa, analisei a razão pela qual as pessoas buscam ter controle e percebi os mais variados motivos. Lembra-se da maníaca por planejamento no andar do seu dormitório na faculdade a quem todas recorriam em busca de papel de impressão ou moedas para a máquina de lavar roupa? Depois, tinha a colega de trabalho em seu primeiro emprego que trazia um bolo no aniversário de cada um (incluindo o dela mesmo, para que ninguém mais tivesse de levar). E você ainda fica maravilhada com a tia que sempre parecia ter saído de um desfile de moda.

Nada nunca parecia estar fora do controle delas — o foco e as motivações delas, no entanto, eram diferentes. Talvez você também tenha percebido que as maiores qualidades e vantagens delas podiam se transformar em desvantagens quando levadas ao extremo. Sua colega de quarto na faculdade não ficou apenas no fornecimento de moedas, ela também começou a tirar sua roupa da secadora e a dobrá-la, se você não fizesse isso rapidamente — e depois pedia uma gorjeta pelo "serviço". Talvez aquela sua colega gentil de trabalho tenha se esforçado um pouquinho demais para marcar um encontro entre você e o sobrinho solteiro dela. E talvez sua tia tenha ficado vermelha como um pimentão quando apareceu em um casamento na família e descobriu alguém usando um vestido idêntico ao dela. Acione o estopim dessas pessoas, e talvez as coisas não pareçam tão agradáveis.

Certa vez fiquei pensando a respeito dos pontos fortes e fracos dessas pessoas que buscam ter controle e identifiquei três categorias de pessoas que querem manter tudo sob controle. Resolvi chamá-las motoristas, devotadas e queridas. Cada grupo valoriza algo um pouquinho diferente do outro. Quando operam a partir de seu superpoder, não conseguimos deixar de ficar maravilhadas com as realizações delas. No entanto... quando chegam ao extremo, essa força pode se transformar na kryptonita delas, fazendo com que ataquem, bloqueiem ou critiquem para valer as pessoas a quem amam:

As motoristas. Elas valorizam atingir objetivos, ser eficientes e manter a ordem externa. Elas são decisivas, confiantes, planejadoras metódicas de longo prazo zelosamente comprometidas com qualquer coisa para a qual Deus as chame.

Apesar de seus muitos pontos fortes, o estopim das motoristas é acionado pelas pessoas que não se esforçam, por emergências ou por bloqueios inesperados na estrada. A tendência delas de sempre dizer sim, aceitando todos os pedidos que lhe fazem, pode se tornar o pior inimigo delas, impedindo-as de delegar ou de relaxar e fazendo com que a ansiedade aumente ainda mais quando alguma coisa não sai de acordo com o plano — ou apenas enquanto elas ainda imaginam o que pode dar errado.

As devotadas. A prioridade delas é garantir o bem-estar de seus entes mais queridos. Elas, como resultado disso, são carinhosas, generosas e leais. Elas captam a necessidade dos outros e se doam livremente para aqueles ao redor delas.

O autossacrifício das devotadas pode se transformar em autossabotagem quando se exaurem ou se tornam autoritárias. O estopim delas é acionado às vezes por amigas ou familiares que recusam sua ajuda, e elas podem atrapalhar o desenvolvimento dos membros da família exagerando na tentativa de tornar a vida mais fácil para eles.

As queridas. As queridas tentam ser a melhor versão delas mesmas; como um resultado disso, são mais focadas em controlar a si mesmas que aos outros. Elas se apegam a padrões rígidos de integridade e comportamento pessoais, tornando-as confiáveis, batalhadoras, membros queridos de qualquer equipe.

No entanto, cuidado... quando elas descobrem que são incapazes de cumprir todas as expectativas irrealistas que estabeleceram para si mesmas, isso pode levá-las a nutrir sentimentos de inutilidade, de falta de valor.

Nesse ponto, a tendência de ser perfeccionista delas e de agradar às pessoas pode entrar em ação, deixando-as frustradas e esgotadas.

Você consegue ver algo da motorista, da devotada ou da querida em você mesma?

Enquanto pensa sobre os três tipos de controladoras, tenha alguns pontos em mente:

- Nenhum dos três tipos é melhor ou pior que os outros.
- Você é uma pessoa complicada, bela e complexa.
- Nem todas as características em algum dos perfis encontrarão eco em você.

- Você pode ver partes de você mesma nas descrições de mais de um dos tipos, e seu tipo pode mudar nas diferentes épocas da vida.

O fato de conhecer meus estopins me ajuda a ter mais controle sobre minha necessidade de controlar. Acho que esse conhecimento pode fazer a mesma coisa por você, por isso incluí descrições mais longas de cada tipo nas páginas 239 a 244.

Enquanto você percorre este livro mantenha esses perfis em mente. Se você for principalmente uma motorista, uma devotada ou uma querida, tem tanto com que contribuir para este mundo, para a glória de Deus. Uma vez que você comece a ver os estopins externos e internos que a fazem agarrar o controle quando ele não é seu, será mais capaz de abrir mão dele.

Seja bem-vinda à autodescoberta. Seja bem-vinda a se tornar um ser humano melhor. Isso não é divertido?

Acabando com o "modo controle"

Descubra seu personagem de controle. Antes de continuar a leitura, pare um pouquinho para ler as descrições mais completas de cada um dos três tipos de controladoras começando na página 239 Você se vê em algum dos três tipos? Não fique alarmada se seu personagem de controle muda com o tempo ou se vê a si mesma em mais de um tipo de personagem. Você não estará mais no escuro a respeito de por que faz o que faz ou como vê o mundo. Você, de posse dessa informação, pode ser parceira de Deus, em vez de tentar ser Deus.

5

Fique firme

ENCONTRANDO A CORAGEM PARA FAZER DE FATO COISAS DIFÍCEIS

Às vezes, dizer "abra mão e deixe com Deus" é um mau conselho.

Vamos todas respirar fundo e não deixar a frase nos assustar.

Você provavelmente pegou este livro porque está cansada de se sentir como se fosse responsável por tudo. No entanto, a frase "abra mão e deixe com Deus" soa impraticável. O que isso significa?

Fiz essa pergunta a mim mesma depois de aceitar o convite irresistível de Jesus. Eu sabia, depois de aceitar a oferta dele, que eu precisava abrir minhas mãos para Ele. Deus não pode colocar nada nessas mãos quando elas estão cerradas, bem apertadas.

Quero confiar a Deus tudo que tenho e tudo que sou. Não quero ficar com as mãos fechadas em torno das minhas preferências. Tem coisas das quais definitivamente preciso abrir mão. Minha motorista interior precisa abrir mão da preocupação, dos resultados, da vida superatribulada, das minhas ideias de sucesso. A devotada que habita em mim precisa deixar de lado minha crença de que estou sozinha no comando do crescimento espiritual das minhas filhas. E minha querida interior precisa abrir mão do desejo de conseguir a aprovação de todos.

No entanto, não posso me livrar desta verdade: vai contra o evangelho simplesmente "abrir mão" de tudo. Pegar nossa cruz e seguir Jesus é o trabalho mais difícil que conheceremos. Não podemos nos divorciar da responsabilidade, nem queremos isso. Somos mulheres que não têm medo de um desafio, que não têm medo do trabalho árduo e causamos um impacto neste mundo quando operamos com nossos superpoderes como motoristas, devotadas e queridas, superpoderes esses dados por Deus.

E tem mais, parte do que somos chamadas a fazer diariamente é na verdade bem satisfatório, não sinto como se Deus quisesse que eu "abrisse mão" disso. (Não peço desculpas pelo fato de estar tão animada às oito da manhã na segunda-feira quanto algumas pessoas ficam às cinco da tarde de sexta-feira.)

A questão, portanto, é esta: quando abro mão e quando seguro firme?

A maioria das cristãs que conheço fica muito desconfortável com a ideia de que Deus pode de fato querer que nos apeguemos a qualquer coisa. Parece uma afronta à soberania dele. Sei disso porque tenho sido uma dessas pessoas. Tenho uma caneca com os dizeres "Abra mão e deixe com Deus". Intitulei várias postagens no blogue usando essas seis palavras. Provavelmente, eu já disse essa frase para dezenas de amigas ao longo dos anos. Elas precisavam mais do que um clichê, mas isso era tudo que eu tinha na época para dizer. E como resultado disso, tive provavelmente de pedir algumas desculpas.

Entendo por que "abrir mão" passa a ser nossa frase padrão quando queremos viver entregues a Jesus. "Abrir mão", definitivamente, soa como algo que Jesus aprovaria mais que "agarrar-se". O gesto de agarrar-se parece despertar um sentimento de algo apertado, de angústia. É como se alguém enfiasse oito saquinhos de areia para gatos em uma mochila e nos pedisse para atravessar Manhattan carregando a mochila. É como se tentássemos comandar o show ou como se achássemos que Deus cronometrou o fim de semana. E tudo depende de você e de mim, garota.

Mas a frase "Abra mão e deixe com Deus" continua a confundir e a perturbar muitas mulheres que conheço (embora possamos ter medo de confessar isso durante o estudo da Bíblia de terça-feira à noite). Não sabemos como *fazer* na prática o que essas palavras nos pedem.

Não podemos, por exemplo, abandonar toda relação difícil. Não podemos ignorar o telefone, a lista de obrigações, nosso chamado dado por Deus para ajudar a cuidar do pedaço deste planeta que nos coube e das nossas crianças ainda dependentes que usam fraldas.

Imagine que você está parada em uma encruzilhada com placas apontando em duas direções. Uma traz escrito "abra mão"; a outra traz as palavras "fique firme". Você acredita que tem de seguir em uma direção e caminhar nessa direção para sempre. Isso não é verdade.

Eis aqui a verdade que ninguém nunca nos contou — ou pelo menos que ninguém nunca me contou: você não tem de pegar uma estrada e seguir por esse caminho pelo resto da sua vida. O evangelho vivo é voltar àquela encruzilhada na estrada todos os dias — com cada decisão, com cada obrigação e com cada relação — e pedir ajuda a Deus em sua escolha.

Essa é a encruzilhada na qual finalmente aprendemos o que é do nosso controle e o que não é. Para se entregar de fato a Cristo, às vezes você tem de seguir a estrada que diz "fique firme". Quando segue essa estrada, você tem de se agarrar mais firme do que pensou que conseguiria. Outras vezes, você tem de seguir a estrada do abrir mão.

Como você sabe que estrada seguir? Você sabe porque não fica parada na encruzilhada sozinha, à mercê de seus próprios artifícios. "Seu mestre estará aí com vocês no local e em ação, chamando atenção sempre que se desviarem para a esquerda ou para a direita: 'Este é o caminho certo. Andem por aqui'" (Isaías 30:21, A Mensagem).

Em um daqueles momentos em que parece que tudo fica claro, você saberá que caminho seguir. Essa orientação pode vir depois de ler a Bíblia ou de orar, depois de conversar com uma amiga, ou mentora, de confiança ou de vivenciar uma mudança nas circunstâncias. (No capítulo 6, também apresentarei a você a árvore da decisão, uma ferramenta que uso para filtrar os pedidos por meu tempo ou atenção.) Quando essa clareza vier, confie, por mais assustador que seja, na sabedoria que Deus concedeu e, a seguir, dê o passo seguinte. Quando você dá um passo em fé, a paz de Deus prevalece — e essa paz vem tanto no abrir mão quanto no ficar firme. O Espírito às vezes guiará você na direção do abrir mão, embora você sempre pensasse que a única resposta piedosa naquela situação seria ficar firme. Você tem de saber que há momentos em sua vida em que você se agarra a algo que não é saudável. Conversaremos sobre abrir mão no capítulo seguinte.

Mas o Espírito às vezes diz: *Não ouse abrir mão. Vou ajudá-la a ficar firme nisso.* Como o grande cantor Kenny Rogers disse certa vez: "Você tem de saber quando esperar e saber quando desistir".

O TRABALHO DIFÍCIL DE ESPERAR

O dia estava frio e com nevoeiro, como se todas as nuvens tivessem vindo beijar as ruas de São Francisco. Fui a essa cidade icônica com algumas amigas e absorvemos tudo que havia ali: o cais, as pontes, o oceano Pacífico azul se estendo sem-fim. Ficávamos bastante tempo nos cafés nas calçadas e em pequenas bancas de flores. Sentia-me, por ser uma mulher que viveu a vida toda em Iowa, como se tivesse aportado em um novo planeta: uma cidade cintilante assentada sobre milhares de colinas, todas envolvidas pela névoa. Fizemos várias viagens de bonde, subindo e descendo colinas. A vista do bonde era espetacular. Se havia espaço para mim no estribo do bonde, adorava ficar de pé ali, bem na beirada, segurando firme, deslizando pelas ruas enquanto o vento assobiava em meus ouvidos. À medida que subíamos cada colina, São Francisco abria mais os braços, revelando mais e mais a deslumbrante baía da ilha de Alcatraz, que se levantava como uma fortaleza da água.

Lembro-me de uma viagem de bonde durante a qual não tinha espaço para mim no estribo, então me sentei perto do motorista, observando com interesse como ele operava o bonde. Os motoristas de bonde são chamados motorneiros e são responsáveis por uma alavanca que controla o "cabo", um mecanismo semelhante a um torno que trava o bonde como um par gigante de alicates. O trabalho de engatar o cabo exige uma força incrível da parte superior do corpo do motorneiro, que segura a alavanca. Se não segurar a alavanca com muita força, o mecanismo de aperto não consegue agarrar o cabo com força suficiente e o cabo escorrega. Quando isso acontece, o motorneiro tem de parar, voltar o bonde colina abaixo e começar de novo.

Tem um ponto em que os motorneiros finalmente soltam a alavanca, mas durante longos trechos da jornada eles têm de agarrar firme a alavanca.

Com a gente também é assim.

Há momentos em que você simplesmente não pode abrir mão. Você tem que aguentar firme como se sua vida dependesse disso. Vai parecer como se você tivesse pego carona na traseira de um furacão. Suas mãos ficam endurecidas e com cãibra. Esse não é o tipo de entrega da qual ouvimos falar habitualmente, não é mesmo? Esse tipo de entrega com suor na testa é daquelas ardentes e irrestritas. Essa entrega pede tanto de você, que vai doer.

Talvez você seja capaz de abrir mão mais tarde. Mas ainda não, não agora.

Não abra mão quando fica difícil. Abra mão apenas quando estiver na hora.

Até lá, fique firme.

Entendo como é tentador desistir, em especial quando está difícil.

Vamos ter uma conversa franca aqui sobre "abrir mão". É muito fácil o abrir mão se tornar uma resposta derrotista para evitar o sofrimento de ficar firme. Desistir pode ser a reação automática quando temos certeza de que não temos mais força para aguentar. Honestamente, quando falamos conosco em "abrir mão" de algo, é um modo de espiritualizar uma saída de uma situação difícil.

Pense em retrospectiva as vezes em que ouviu (ou fez) comentários como estes:

> "Achei que Deus queria que eu fizesse pós-graduação, mas é tão difícil e não consigo acompanhar o trabalho. Talvez deva desistir e confiar que Deus abra outra porta para mim." Então, abrimos mão.

"Essa eleição está um desastre, então não vou votar. Vou 'abrir mão e deixar nas mãos de Deus' porque ele tem tudo sob controle." E mais uma vez, abrimos mão.

"Estou tão enlouquecida com minhas amigas da igreja. A partir do próximo domingo, essa igreja acabou para mim." E mais uma vez, abrimos mão.

"O que está acontecendo em [coloque o nome de um país em desenvolvimento] é realmente lamentável, muito triste. Fico contente que Deus tenha essa situação sob controle." Você consegue ver para onde essa situação está caminhando. As pessoas, sentindo-se absolvidas pela soberania de Deus, lavam as mãos, desviam os olhos e se afastam sem tomar a atitude necessária.

Abrimos mão porque está muito difícil aguentar? Abrimos mão porque a situação está muito confusa? "Abrir mão" pode ser a válvula de escape que adotamos para sentir que temos justificativa para recuar.

"Ah, cansei", dizemos. "Deus dará um jeito nisso".

É absolutamente verdade que nosso Deus soberano está no controle dos nossos relacionamentos, dos filhos e das finanças. Também é verdade que Deus pode fazer sozinho qualquer coisa que escolher para resolver a injustiça social e o problema da fome no mundo. Mas, antes de abrir mão, pergunte a você mesma se Deus a está chamando para o trabalho árduo de ficar firme. Nessa era, Ele tende a usar pessoas empoderadas pelo Espírito para fazer seu trabalho — *o trabalho difícil de ficar firme* — de deixar um mundo despedaçado melhor.

Deus pode realizar qualquer milagre que queira, mas e se esse milagre for você? E se Ele está chamando você para ser o motorneiro no dia a dia, ser parceira dele para manter o bonde no trilho?

Deus trabalha de tantas maneiras, e Ele faz com bastante frequência esse trabalho por intermédio de *seres humanos reais,* dispostos a comparecer mesmo quando a tarefa é inconveniente. Não podemos nos dar ao luxo de nos esconder atrás de Deus quando Ele nos convoca para o campo de batalha.

A verdade é ilustrada vividamente em uma história, daquelas parecidas com uma parábola, que ouvi anos atrás sobre um cristão pego em uma tempestade com inundação intensa. A despeito das advertências para sair da sua casa, o homem decidiu esperar a tempestade passar e confiar em Deus para salvá-lo por meio de intervenção divina.

Os vizinhos se ofereceram para levar o homem para longe das inundações que se aproximavam. Ele, no entanto, recusou a ajuda, dizendo que tinha fé que Deus o salvaria.

Dali a pouco, alguém passou remando pela sua casa e se ofereceu para levá-lo enquanto a água continuava subindo. O homem recusou a ajuda, dizendo que tinha fé que Deus o salvaria.

A água subiu mais, então ele subiu no telhado da casa. Um piloto de helicóptero baixou uma escada de corda, mas o homem ainda recusou a ajuda, dizendo que tinha fé que Deus o salvaria.

O homem acabou morrendo afogado.

No céu, o homem perguntou a Deus: "Depositei minha fé no Senhor, então por que não me salvou?"

Deus respondeu: "Eu mandei um carro. Mandei um barco. Mandei um helicóptero. Pelo que mais você estava esperando?".

Deus envia ajuda por meio de pessoas comuns chamadas para fazer o serviço. Às vezes, você é o milagre para outra pessoa.

Às vezes, acontece de uma outra pessoa ser o milagre para você. Elas aparecem com um carro, uma escada, com uma caçarola de comida coberta com papel alumínio, com um abraço. E nesse momento, você fica tão agradecida por alguém se importar o bastante a ponto de se comprometer a fazer o trabalho difícil de ficar firme. Por você.

QUANDO ESTAR A MEIO CAMINHO É O MAIS DIFÍCIL

Sei como isso é difícil. Ficar firme é doloroso, em especial quando você está a meio caminho de terminar.

Por exemplo, em projetos de trabalho, sou uma excelente iniciadora. E se chego até o fim, sou uma finalizadora decente. Mas posso ser um

Ficar firmes com relação

- À crença de que é possível haver mudança.
- Às pessoas que veem o melhor em você.
- Às pessoas que a consideram responsável.
- Ao que Deus colocou ao seu alcance para que cuidasse.
- À esperança de que o trabalho árduo de hoje possa construir um amanhã melhor.
- Ao trabalho que você ama.
- Ao trabalho que é difícil.
- À esperança da cruz.
- À mão do seu Deus.

desastre no meio do processo — quando a fagulha do começo já se apagou há muito tempo e a linha de chegada é um pontinho lá longe.

Pegue o casamento, por exemplo.

Lembro-me do começo perfeito após meu casamento com Scott.

Nossa festa foi em um ginásio antigo em Marathon, Iowa, a um quarteirão da casa onde cresci. Era o ginásio onde eu jogava basquete na sétima série, onde foi meu primeiro baile de formatura. Com um pequeno exército de voluntários, transformamos o ginásio em um salão de casamento. Quilômetros de papel crepom foram espalhados por aquele ginásio que cheirava mal em uma proeza de decoração que teria deixado o Pinterest horrorizado. O jantar da nossa recepção foi servido por um bando de amigos de meia-idade usando aventais engordurados que trabalhavam com o papai na cooperativa de grãos dos agricultores. Eles grelharam filés de peru. A salada de batata cortada em pedaços estava amontoada em frágeis pratos de plástico.

Para nós, foi como uma fantasia de primeira classe — essa recepção de casamento sem glamour algum, iluminada com milhares de luzes cintilantes penduradas nas cestas de basquete e nas figueiras falsas. Foi um começo de conto de fadas para o que — esperávamos — seria o nosso felizes para sempre.

Dançamos até a meia-noite sob as vigas. Quando a banda desacelerou um pouco as coisas, pus minha cabeça sob o queixo do Scott, sentindo o calor da sua respiração em meus cabelos, quando o vocalista cantava no microfone "Será que poderíamos dançar assim pelo resto da minha vida?".

Esse foi o começo. Ficar firme parecia romântico e não exigia esforço algum.

Então, chegou o pedaço do meio.

A agulha arranhou o disco. Não aconteceu em um dia, mas em uma série de meses que se transformaram em anos. Acordamos e percebemos que alguém tinha provocado um curto-circuito no casamento, e nós dois culpamos um ao outro pela fiação defeituosa.

O meio foi difícil. Houve noites em que gritamos aquela palavra temível com *d* — *divórcio* — apesar de nenhum de nós dois querer de fato isso. Passaram estações inteiras em que parecia que não conseguíamos concordar em nada — nas etapas seguintes na carreira, na cor das cortinas, na política... em nada mesmo. Em meio às discussões calorosas, parecia que abrir mão era a escolha mais fácil a seguir — em particular na semana que decidimos trabalhar juntos na colocação dos ladrilhos e argamassa do chão do banheiro. (Uma dica profissional: se você se importa com o seu casamento, não assuma um projeto de colocação de ladrilhos juntos.)

Isso mesmo, é difícil ficar firme no meio do processo. No altar nos comprometemos "para o melhor e para o pior". No meio da luta, descobrimos que às vezes o melhor vem *depois* do pior.

Tecnicamente, Scott e eu ainda estamos no "meio" do caminho. Estamos há mais de duas décadas do nosso grande começo e, se Deus quiser, ainda estamos a décadas do fim.

É isto que mantém nosso casamento forte no meio: o trabalho difícil de ficar firme. Essa atitude não é prescritiva para aquelas de vocês que estão em um relacionamento abusivo. *Não é*, de maneira alguma. O que estou dizendo é isto: só porque algo dá muito trabalho não significa que está errado ou que deve ser abandonado.

Talvez uma dessas situações soe familiar para você:

Você começa em um novo emprego com grande expectativa, mas de repente se sente sobrecarregada pela responsabilidade. *É um trabalho difícil.*

Você começa a escrever um livro, começa uma missão no exterior, obtém seu diploma, mas quando pensa que está perto de fazer um avanço, vê uma colina gigantesca à sua frente. *É um trabalho difícil.*

Na linha de partida de um casamento, seu "sim" carrega suas melhores esperanças, mas meses ou anos depois, o casamento não é tudo que achou que seria. *É um trabalho difícil.*

Quando os momentos difíceis chegam, a tentação de desistir fica grande. Nesses momentos, a maioria de nós pede a Deus para afastar as partes mais difíceis. Mas bem no nosso âmago queremos mais do que uma vida mais fácil: queremos que Jesus prove ser maior que a luta.

Quando quiser desistir, ouça Deus falar com urgência flamejante: "Não desanimem" (2Crônicas 15:7).

Amo como esse versículo é traduzido em outra versão bíblica: "Sejam fortes e não deixem que as suas mãos desfaleçam, porque a obra de vocês será recompensada".

Recuse-se a ceder à tentação de desistir. Recuse-se a orar apenas para a dificuldade ir embora. Ore para ter uma fé maior do que a dificuldade. "Não deixem que as suas mãos desfaleçam". Orem por mãos firmes que segurem firme quando Deus diz para você ficar firme.

Fique firme. Sim, é muito difícil, mas pode não ser a hora de abrir mão.

Fique firme. Talvez você seja o milagre pelo qual alguém estava orando.

Fique firme. Esse pode ser apenas um período, e o alívio está logo ali na frente.

Fique firme. Uma grande multidão de testemunhas está torcendo por você.

Fique firme. Ao manter-se bravamente firme, você fortalece emocionalmente outras que estão lutando para elas mesmas ficarem firmes. Está mostrando a elas que é possível fazer coisas difíceis.

Fique firme. Se você estiver em uma posição única para fazer algo a fim de tornar o mundo um lugar melhor, mesmo que seja difícil, você deve fazer isso.

Fique firme. Por seu casamento. Por seus filhos. Por sua igreja. Pelas pessoas que seu ministério serve com bravura. Pelos feridos. Por suas amigas que não sabem se conseguem continuar firmes.

Fique firme. Porque Jesus vai encontrar você no meio de suas batalhas mais difíceis.

Algumas lutas não são resolvidas em um dia. Muitas orações sinceras não são respondidas logo. Nesse momento você quer desistir, espere mais um momento porque com frequência é quando acontece um milagre.

Fique firme.

NÃO DESISTA

Scott e eu tivemos que segurar firme durante alguns anos quando a incerteza atingiu nossa fazenda, e isso foi como um soco em nosso estômago. Quatro dias depois do meu acidente na estrada escorregadia por causa do gelo fino, Paul, o pai do Scott, morreu de leucemia. Isso significou que Scott não só estava de luto pelo pai e parceiro de negócio, mas também passaria a cuidar da terra sozinho. Scott, uma pessoa formada em Direito que decidira recentemente voltar para a fazenda, ainda era bem novato no negócio. Claro, ele era a quarta geração da família Lee a crescer na fazenda. Mas uma coisa é puxar grãos e alimentar os porcos quando você é adolescente. E outra bem diferente é tomar decisões a respeito de que tipo de semente usar, quando vender seu grão e o que fazer quando seus porcos — seu investimento — começarem a adoecer.

Paul faleceu no frio do inverno. Naquela primavera, ficamos muito agradecidos pela misericórdia de Deus durante esse tempo de provação. As plantações cresceram, avançando sobre as fileiras de modo que tudo que era verde se tocava. Havia algo tão bonito e cheio de esperança naquilo. Parecia que tudo ia ficar bem, apesar de o boné de Paul ficar ali, triste, pendurado na porta dos fundos.

Tínhamos esperança.

E então chegou outubro. Nenhuma planta fora colhida quando despertamos uma manhã e nos deparamos com um cobertor branco de neve cobrindo toda a plantação. A neve roubou a esperança que sentimos mais cedo naquele ano.

Mais tarde naquela tarde, um fazendeiro que vivia há alguns quilômetros de distância bateu na porta do fundo. Abri a porta, e ali estava ele de pé sobre o capacho com as mãos enfiadas nos bolsos do casaco grosso acolchoado com gola de veludo cotelê. Ele apareceu na nossa casa em um dia realmente difícil durante um ano realmente difícil.

Os olhos do fazendeiro pareciam mais suaves do que me lembrava.

— O Scott está em casa? — perguntou ele.

— Não está não — disse a ele. — Ainda está fazendo as tarefas do dia a dia.

— Bem — continuou o fazendeiro — só passei aqui porque queria que ele tivesse certeza de algo. Quero que ele saiba que a colheita sempre vem. Diga isso a ele, por favor?

Acenei que sim com a cabeça, sentindo um nó na garganta.

O fazendeiro tinha vindo para nos lembrar à sua maneira o que a Bíblia diz sobre a esperança nos momentos difíceis. "No tempo próprio colheremos, *se não desanimarmos*" (Gálatas 6:9, grifo da autora).

Minha amiga, não sei por qual colheita você está à espera. Não sei que tempestade acabou com sua esperança. Talvez você esteja lendo estas palavras quando está em seu último centavo, ou no fim de sua corda puída ou no limite de sua sanidade como dona de casa. Deus está vendo você. Ele vê como você se dedica às pessoas que ama e o que faz em seu trabalho diário. E Ele quer que você saiba que sua dedicação não é em vão. "No tempo próprio colheremos, *se não desanimarmos*".

Não desista.

Hoje, sou a amiga batendo na sua porta do fundo, batendo na porta para ver se você está em casa. Estou aqui de pé sobre seu capacho para lhe dizer a mesma coisa que o velho fazendeiro me disse: "A colheita sempre vem".

E estou aqui para dizer a você que o fazendeiro estava certo. Semanas depois de ele passar em casa, a colheita *veio*. A neve derreteu, e Scott dirigiu a velha colhedeira para frente e para trás na colina levemente inclinada da cor da juba de um leão e tosquiou tudo.

Não desista, minha amiga. Fique firme quando Deus diz a você para ficar firme. Ele não a abandonou.

Hoje é o dia de acreditar: no momento apropriado, você vai colher a colheita, exatamente como Ele prometeu.

Acabando com o "modo controle"

Nas encruzilhadas da vida. Quando algo vai mal é difícil saber se Deus quer que você pare ou siga com mais força.

Deus oferece muitas vezes um momento de clareza. Muitas vezes, essa clareza vem na forma de um conselho sensato de uma amiga, de um versículo da Escritura ou de uma mensagem de um pregador de confiança. Você às vezes precisa fazer uma pausa a fim de alcançar a perspectiva apropriada.

Tem alguma coisa na qual esteja se perguntando se precisa ficar firme? Escreva em um pedaço de papel uma palavra, ou frase, para representar a situação a respeito da qual precisa tomar uma decisão. Cole o papel, como o agente de apostas faz, nas páginas da sua Bíblia perto de Isaías 30:21, que diz: "Quer você se volte para a direita quer para a esquerda, uma voz atrás de você lhe dirá: 'Este é o caminho; siga-o'". Imprima o versículo e o coloque em um lugar em que possa lê-lo todos os dias.

A cada manhã, durante uma semana, leia esse versículo. Peça orientação a Deus sobre a situação escrita no seu papel.

Se depois de uma semana você ainda tiver dificuldade em discernir se deve ficar firme ou abrir mão dessa situação, faça a si mesma as seguintes perguntas:

- Se abrir mão, vou me arrepender?
- O objetivo final (e o trabalho exigido) estão alinhados com meus valores e princípios bíblicos?
- Quero parar porque está difícil ou porque está na hora?
- Como imagino essa situação daqui dez horas? Daqui dez dias? Daqui dez anos?
- Consigo imaginar Deus, que iniciou uma boa obra em mim, levando-a a uma conclusão?

Talvez você precise consultar alguma pessoa que seja honesta com você a respeito de se está na hora de desistir ou de continuar em frente. Só porque algo é difícil não quer dizer que seja errado ou um engano. É fácil desistir quando você está desanimada, em especial quando não vê resultados desejáveis.

No entanto, se você está se apegando a algo que não é bom para você — como uma relação tóxica ou prejudicial — está muito próxima da situação para conseguir ver com clareza. Peça a uma conselheira ou consultora de confiança para ajudá-la a ver o que não consegue enxergar sozinha.

6

Abrindo mão

ENCONTRANDO A FORÇA PARA ABRIR MÃO

Lembra-se dos passeios de bonde de que falei? Pois é, tem mais história.

Minhas amigas e eu estávamos na fila para pegar o bonde para a Powell Street. A neblina matinal tinha dispersado, e o sol pincelava a cidade em largas faixas cor de ouro e creme, fazendo São Francisco parecer um cartão postal de algum lugar do outro lado do mundo. Os pombos pomposos desfilavam ao nosso redor percorrendo caminhos memorizados dos bancos aos cafés boêmios. Parada ali de pé, meus olhos se moviam das fachadas de vidro brilhante dos prédios para os paralelepípedos da rua. Foi quando vi duas palavras pintadas em letras enormes na rua.

"Abra mão."

Às vezes as palavras estão escritas na parede, às vezes no chão sob seus pés.

Dessa vez estavam bem ali em uma rua de paralelepípedos de São Francisco, qual era o significado disso?

Quando me sentei mais tarde perto do motorneiro aprendi que as palavras "abra mão" são pintadas nos paralelepípedos como um lembrete para o motorneiro do bonde soltar o cabo em um ponto exato da corrida. Se o motorneiro não abre a mão no momento certo, pode causar um dano sério aos cabos. Também pode machucar as pessoas trafegando por ali porque os carros acabam sendo forçados a fazer uma parada brusca.

O motorneiro, na maior parte da viagem, segura firme na alavanca; mas quando chega a hora certa, ele tem de soltar a mão.

Ao contrário dos motorneiros, nem sempre vemos os sinais. Ficamos firmes por mais tempo do que deveríamos e seguramos firme as alavancas da vida mais do que se esperava que nossas mãos segurassem. Fico me perguntando quanto dano causo sob a suposição crônica de que há algo que posso fazer a respeito de tudo.

Muitas vezes é nas pequenas coisas que demonstro minha falta de vontade de abrir mão. Na maternidade, por exemplo, minha devotada interior às vezes "ajuda" minhas filhas com os projetos para garantir o sucesso delas, em vez de deixá-las aprender com os próprios erros. Eu devia abrir mão, em vez de agir dessa forma.

Mas já vivi erros maiores de julgamento. Na faculdade, antes de conhecer o homem que se tornaria meu marido, estive envolvida em um relacionamento tóxico, acreditando que podia mudar meu namorado. Durante meses, não vi a realidade de que precisava abrir mão daquele relacionamento. Na minha vida de trabalho, minha motorista interior acrescentava ocasionalmente mais trabalho do que podia dar conta. Sacrificava as outras partes da vida tentando muito fazer tudo funcionar como eu queria. Precisava abrir mão.

Abrir mão.

Essas duas palavras são uma forma de viver uma vida de confiança radical em Deus, mas ainda estou aprendendo a acreditar nelas em meu coração de maneira real e prática.

Sou daquelas que fica firme para valer, garota. Se sou sua amiga, fico com você até o amargo fim. Se você é minha filha, jamais desistirei de você. Sou conhecida por me agarrar com força ao que amo: minha família e o futuro deles; meu conforto; minha segurança; minhas programações e prioridades; minhas opiniões. Acho muitas vezes que a melhor maneira de amar uma pessoa é ficar firme por nossa vida querida.

Li certa vez que a entrega é o que acontece quando Deus entrega a você um pedaço de papel em branco com espaço para assinar seu nome embaixo e, depois, você devolve para Ele preencher como quiser. Vamos falar de algo assustador.

Sei que faço o contrário: em vez de entregar a Ele um pedaço de papel em branco dou a Ele longas listas de instruções e prazos.

Pense só em quanta força é necessária para ficar firme, para uma mulher como eu é necessário ter ainda mais força para abrir mão. Abrir mão — se eu for honesta — sempre me pareceu algo perigoso.

Diga-me que não sou a única a ter esse tipo de sentimento.

COMO SE ESTIVESSE SALTANDO O GRAND CANYON COM UMA VARA

De tudo a que sempre me agarrei firme, tenho mais dificuldades em abrir mão de minhas filhas a fim de deixá-las caminhar com as próprias pernas.

Aqui está um modo de determinar se uma mulher tem controle sobre as coisas: veja como ela reage quando seu filho tira carta de habilitação.

No último outono, Lydia conseguiu uma autorização que permite que ela, aos quinze anos, vá e volte da escola guiando. Isso é o equivalente adolescente de dar legalmente a uma criança de três anos um conjunto de facas de *chef* e mandá-la passar a tarde brincando no quintal. Lydia é uma ótima garota, intensamente responsável. Outra mãe me disse recentemente quanto sua filha ama participar em projetos de grupo com a Lydia, e acho que não preciso dizer a você a razão para isso. Essa garota não deixa passar nada.

Mas ainda estou aterrorizada com a ideia de deixá-la dirigir. Seu excesso de confiança apenas aumenta meus medos. Essa é aquela garota que aos onze anos declarou que estava *bem-preparada* para assumir o volante. Ela me disse isso quando estava sentada em seu pufe na frente da televisão com o controle do videogame na mão.

— Você viu isso, mamãe? — ela disse, enquanto manobrava seu kart no jogo por um caminho precário. — Eu vou ser incrível quando guiar um carro *de verdade*.

(Momentos mais tarde, seu carro no jogo bateu na proteção da pista em uma curva fechada e pegou fogo.)

Então, ela, em sua imaginação, passou do carro no jogo para o carro real. *Jesus de Nazaré, fique por perto.*

Ficou claro desde o início que a maior parte do seu treinamento de motorista seria sob a orientação calma e constante de seu pai. Nosso comitê familiar, em votação unânime, decidiu sabiamente que eu não estava apta para ser uma instrutora para motoristas. É claro que por causa do meu comportamento hiperatento, do meu desejo insaciável e quase incontrolável de agarrar o volante e — pelo menos uma vez — minha vontade de fazer uso de linguagem inapropriada. Eu só acrescentava mais estresse à situação. Se fosse perder minha salvação em algum lugar, era ali enquanto estivesse no assento do passageiro do carro conduzido pela Lydia.

Cada vez que a Lydia pegava a mochila e ia para seu carro, as partes mais imperfeitas da minha devotada interior eram acionadas. Se pudesse, correria ao lado do carro dela a viagem toda de casa até a escola, gritando ordens ao longo do caminho: "O seu cinto de segurança está bem fechado? Nem pense em mandar mensagem enquanto dirige! Desliga a música; é uma distração. Use a seta. Deixe o outro carro passar. Amo você!"

A mãe realista que sou entende que não pode correr ao lado do carro para sempre. A mãe engenhosa que sou descobriu outra maneira de monitorar a situação.

Fiz isto para protegê-la. Durante as duas primeiras semanas em que ela guiou, fiquei ao lado da porta do carro de Lydia antes de ela sair da garagem, e passamos minha lista de verificação:

Cinto de segurança. Feito.

Telefone celular fora do alcance. Feito

As duas mãos no volante. Feito

Disse a ela que a amava umas dezesseis vezes, caso não tivesse outra oportunidade de falar — tinha um sentimento estranho como se fosse trazer azar se não dissesse todas as palavras que queria dizer. Então corria da garagem para o degrau da frente da casa para ficar olhando enquanto ela dirigia pela longa estrada de entrada da fazenda, que atravessa os campos de milho e depois subia a colina. Orava com o fervor de Elias pela segurança dessa criança. Quando não dava mais para ver o carro da Lydia, agarrava meu celular e o abria para encontrar o app Encontre Minhas Amigas. Passava os dez minutos seguintes atualizando a informação a cada trinta segundos nesse aplicativo que rastreia a localização de seus amigos e familiares usando a tecnologia de GPS.

Todos os dias, sabia que Lydia tinha chegado segura à escola quando ela me enviava uma mensagem com uma única palavra: "Aqui".

Orgulhosa do meu cuidado como mãe, um dia contei a uma de minhas amigas o que fazia todas as manhãs. Comentei como o app Encontre Minhas Amigas fornecia informações abundantes sobre o bem-estar da minha pequena motorista. Se a luzinha do app parasse de se mover era um sinal claro de que Lydia tinha acabado em alguma vala. Se a luzinha se movesse rápido demais, ela, provavelmente, estava em uma ambulância a caminho de uma emergência.

— Ah, entendi — respondeu minha amiga em sua linguagem nativa, cheia de sarcasmo. — Posso ver como isso é eficaz. Porque enquanto você a rastreia dessa maneira, você pode de fato *impedir* que ela sofra um acidente, não é mesmo?

Tradução: "Vamos lá, me ajude a ajudar você, Jennifer. Desliga o telefone".

Às vezes a coisa mais corajosa que uma mãe pode fazer é deixar de lado o telefone, a garrafa de desinfetante e o monitor eletrônico de bebês. Não estou brincando quando digo que as crianças tinham monitor no quarto até estarem no jardim da infância. As meninas são adolescentes, e ainda me esgueiro de vez em quando no quarto delas para ter certeza de que estão respirando.

Bravura é abrir mão quando você quer segurar firme.

Para mim, abrir mão é quase tão fácil quanto saltar o Grand Canyon com uma vara.

Eu costumava achar que bravura era segurar firme quando você quer abrir mão. Então me tornei mãe e descobri que bravura é abrir mão quando você quer segurar firme.

Se soltamos a barbante, o balão de gás flutua. Se soltamos a coleira, o cachorro foge. Se soltamos o volante, o carro no fim sai do curso. Se soltamos a corda, caímos rapidinho.

Abrir mão é um trabalho difícil, bem difícil, gente, e não sou uma pessoa intrinsecamente inclinada a isso. Quantas e quantas vezes o abrir mão é visualmente representado como uma mulher andando através de um campo repleto de flores silvestres, a silhueta contra o sol, e os cabelos caindo pelas costas. Só queria que a entrega fosse tão bonita assim e digna de estar no Instagram. Mas essa não é a realidade, e resisti ao impulso de apresentar a entrega a você dessa maneira. (Na verdade, quando meu editor perguntou que tipo de imagem preferia para a capa deste livro, eu respondi: "Qualquer coisa menos uma mulher caminhando por campo de flores".)

Como você consegue abrir mão com facilidade e tranquilidade da criança que cresce rápido demais? Do adolescente raivoso que sai de casa batendo a porta e vomitando palavras de ódio? Do monte de dívidas e acúmulo de contas? Da dor causada pelo marido desatento? Como você abre mão da amiga que talvez nunca venha a conhecer a verdade dos ensinamentos de Cristo? Com que facilidade você abre mão do medo quando o médico faz um diagnóstico de doença terminal? Como você abre mão da mágoa?

Como você abre mão de sua lista de afazeres quando parece que você é a única que pode fazer essas coisas?

Deus nos diz: "Está tudo sob controle". Mas neste mundo louco, muito louco, você quer de fato abrir mão e permitir que um Ser invisível prove a si mesmo?

Tive problemas para abrir mão de coisas muito menores — como jeans muito pequenos e ressentimentos bobos. Minha inclinação é sempre tentar ficar firme e consertar o que não tem conserto. Além disso, nem sempre percebo que meu esforço é quase tão fútil quanto rearrumar as cadeiras no *deck* do *Titanic* enquanto ele naufraga.

A cada ano que passa, tenho de abrir mão cada vez com mais frequência. Abrir mão sempre me faz sentir como se estivesse suspensa na beira de um precipício cravando os dedos na fenda rochosa.

Na quietude, se escuto Jesus, sinto Ele falando em minha alma: *Confie em mim. Vou pegar você.*

Jamais saberemos se podemos confiar em Jesus se não dermos a Ele a chance de provar isso.

Minha amiga, abrir mão não é covardia. É algo muito corajoso.

QUANDO OS MÉTODOS ANTIGOS DEIXAM DE FUNCIONAR

Como sabemos quando ficar firmes e quando precisamos apenas abrir mão? Queria que houvesse uma fórmula para isso. Queria que quando estivéssemos dirigindo ao longo da vida, Deus pintasse em letras garrafais na estrada abaixo de nós "Abra mão", assim saberíamos, como o motorneiro, qual é o momento de soltar o volante.

Uma noite, depois do culto de oração na minha igreja, estava de pé ali atrás, ao lado dos casacos pendurados e das caixas de correio. Eu estava com a chave do carro na mão, prestes a ir embora, mas senti o impulso de voltar. Precisava conversar com uma amiga um pouquinho mais velha e mais sábia do que eu, o tipo de mulher que fala aquilo que precisamos escutar. Depois de todos irem embora, ela e eu nos sentamos em duas cadeiras, bem pertinho uma da outra, atrás da última fila de bancos na nossa igreja mal iluminada. Acima de nós, o campanário se erguia em direção ao céu escuro como petróleo, salpicado com a luz de milhões de estrelas.

Eu disse à minha amiga o que sabia em teoria: tinha de abrir mão de alguma coisa.

— Mas sinto como se tivesse sido programada de uma forma diferente, sabe? Não sei como abrir mão e, francamente, não sei se *quero* fazer isso porque não sei o que acontecerá se abrir mão. Deus tem me mostrado áreas em que preciso abrir mão, mas simplesmente não entendo como fazer isso. Estive me agarrando a tudo por tanto tempo. Não conheço nenhuma outra maneira de ser.

Minha amiga fez uma observação penetrante, ela disse algo assim: "Às vezes queremos tanto alguma coisa que continuamos a empregar os mesmos métodos vez após vez, talvez com pequeninos ajustes, e cada vez esperando o resultado desejado. Às vezes, Deus pede para você fazer o que vem fazendo com tanta fidelidade todos esses anos. Ele vê você... vê como você continua tentando, continua se ajustando, como continua se levantando quando acha que não consegue. Isso é perseverança, e Deus tem muito orgulho de você. Mas você tem de ver o que está fazendo a si mesma. Às vezes, você fica batendo a cabeça na parede esperando um resultado diferente e se perguntando por que o sangramento não para".

Nesse momento, percebi que muitas das minhas feridas sangravam profusamente. Estivera batendo a cabeça na parede em tantas áreas da minha vida — esperando por uma solução para os conflitos não resolvidos, esperando que a carga de trabalho se aliviasse sozinha. Continuava forçando. Continuava insistindo. Raramente parava tempo suficiente para discernir a orientação de Deus.

Durante boa parte de minha vida, pareceu que largar mão era uma fraqueza espiritual. E o sangue das minhas feridas era o preço que eu tinha de pagar para tornar o mundo melhor.

Minha amiga e eu ficamos sentadas em silêncio ali no santuário, com a cruz de madeira pregada na parede. *A cruz*. Jesus deu literalmente seu sangue e sua vida por nós, o ato supremo de abrir mão. Jesus não espera que sangremos até secar por causa de feridas pelas quais Ele já sangrou.

Tive de perguntar a mim mesma: *Confio de verdade que Jesus tem minha vida sob seu controle?*

Tem um lugar no qual seu medo tem de encontrar Deus — e esse lugar é aos pés da cruz.

MEDO DE INTIMIDADE

Jesus, na noite antes de ir para a cruz, reclinou-se ao lado de uma mesa com seus amigos mais íntimos e disse palavras de conforto: "Não se perturbe o coração de vocês. Creiam em Deus; creiam também em mim" (João 14:1).

A palavra "creiam", no grego original, é *pisteuete*. Mas o crer de *pisteuete* é mais do que estar convencido da existência de Deus — é muito mais que isso. O crer de *pisteuete* significa "ter confiança em".

Os discípulos de Cristo são chamados a um lugar de *pisteuete*: "Não deixe seu coração se perturbar", Jesus está nos dizendo. "*Pisteuete* em mim". Confie em mim.

Somos pessoas que creem em Jesus, mas será que *confiamos* nele?

Não acho que tenho confiado nele, e minhas mãos tremem enquanto digito esta confissão para você: nem sempre confio em Deus porque tenho medo de fazer isso.

Minha falta de confiança em Deus é o motivo pelo qual não consigo abrir mão do que quero.

Conforme mencionei em um capítulo anterior, minha principal motivação para minha abordagem prática, do tipo "mãos à obra", para a vida é o amor profundo por meus entes queridos. Amo tanto minha família e meu trabalho que corro a todo vapor por eles.

Mas também controlo por causa do medo.

Tenho medo de abrir mão de tantas coisas na minha vida porque me falta o que é de fato necessário: a confiança em Deus. Tenho medo de entregar o controle a Deus do que está em minhas mãos porque temo não gostar do que Ele fará com minha vida sem minhas informações e dicas muito "úteis".

Essa confissão traz consigo mais coisas.

Exagero muito no planejamento da minha vida porque isso parece menos assustador que a alternativa. Essa alternativa é a intimidade com Deus. Quanto mais me aproximo de Deus, maior é a chance de que reconheça a voz dele. E quando reconheço a voz dele, há uma possibilidade maior de eu ouvi-lo falando no meu coração, e talvez eu não goste do que Ele me diga. E se Ele me pedir para abrir mão de alguém que amo ou me compelir a pedir desculpa a alguém que não quero enfrentar? E se Ele me pedir para tirar algo da minha agenda que valorizo demais, algo que passou a fazer parte da minha identidade? Tenho medo de quem sou sem algumas dessas coisas.

Nem sempre quero ouvir o que Deus diz, então às vezes, mantenho distância.

Fiquei chocada quando descobri esse detalhe a meu respeito. Fiquei chocada ao perceber como protegia todas as outras áreas da minha vida como uma leoa: minhas filhas, minhas prioridades de trabalho, meu casamento. Mas não protegia minha intimidade com Deus do mesmo modo porque tinha medo de me aproximar demais dele. Temia o que me custaria se abrisse mão e o ouvisse.

No processo de escrever este livro e de pedir a você que faça um inventário da sua vida, tive de fazer um inventário da minha. Nem sempre gostei do que encontrei.

Não quero soar dramática demais aqui, mas houve momentos durante a escrita deste livro em que precisei me afastar da página que estava escrevendo por causa do que Deus estava revelando para mim.

Minha amiga, você não confiaria em mim se transmitisse uma mensagem que nunca tive de viver. Tive de viver essa experiência. Durante esses intervalos longe do manuscrito, passei muito tempo com Jesus, desenvolvendo um relacionamento de confiança com Ele. Esse tipo de parada total é um desafio para uma pessoa prática e executora. Então acredite em mim, as coisas que estou pedindo que você faça neste livro, eu mesma tive de lutar para conseguir fazer.

É, fiquei assustada com o que ouvi quando passei tempo com Jesus. Eu estava preparada para levar uma bronca dele e ser admoestada por não confiar nele como deveria, mas não estava preparada para a ternura dele.

Certa noite, reclinei-me sobre o travesseiro, entrelacei as mãos atrás da cabeça e fiquei ali olhando fixo para o teto durante um bom tempo. E respirava fundo.

Cada vez que soltava o ar, deixava cada fardo da minha vida se desprender da minha alma e voar para o céu, subindo pelo teto. Era como se tudo que eu amava estivesse amarrado a um balão colorido, voando alto, sumindo de vista. Havia nomes e palavras em cada um dos balões. Meu marido, Scott. Minhas meninas, Lydia e Anna. Meus pais. Este livro. Um conflito não resolvido com uma amiga. Meu futuro. Meus medos. Nosso país. Tinha tanto sofrimento e dor escritos naqueles balões. Enquanto olhava eles irem embora, percebi que havia alguns balões que eu segurava desde que era menina.

Para cima, para cima, lá iam eles.

Percebi o que estava fazendo: eu estava abrindo mão.

De repente, fechei os olhos com medo. Esse foi um exercício assustador de fé.

Você já sentiu nos ossos aquele versículo sobre o amor perfeito expulsando o medo?[1] Li esse versículo milhares de vezes, mas naquela noite, *senti* de fato as palavras do versículo.

Naquele momento, senti o amor de Cristo expulsando meus medos. Senti a união com Jesus. Com Jesus ao meu lado, consegui abrir os olhos de novo.

Preciso que Jesus seja meu Senhor. Preciso que Jesus seja meu Salvador. Mas, naquela noite, eu precisava mesmo que Ele fosse meu amigo, se sentasse comigo enquanto abria mão de tudo a que me agarrara com tanta força. Naquele momento, lembrei-me de como minha amiga Janelle orou por meu sogro em 2009, quando estava na casa de repouso. Ela me disse que enquanto orava imaginava Jesus sentado de pernas cruzadas sobre a cama de Paul.

Nessa noite, ali na minha cama, precisava de Jesus sentado de pernas cruzadas ao meu lado.

Permiti-me imaginá-lo desse jeito, sentado sobre a cama comigo, como um amigo, enquanto os coiotes uivavam perto da cerca viva de

---

[1] 1João 4:18.

árvores lá fora. Se Jesus, naquela noite, tivesse falado comigo em voz alta, imagino que diria isto: "Eu estarei sempre com você enquanto proceder assim, dia após dia após dia, até o fim dos tempos".[2]

Ele está conosco enquanto fazemos isso. Ele está conosco enquanto imaginamos como abrir mão — e como ficar firme.

Solte os balões. Imagine Jesus sentado de pernas cruzadas na beira da sua cama, enquanto você solta cada um dos balões. Depois, olhe mais de perto. Imagine-o segurando o fio de todos os balões. Eles não estão flutuando. Eles estão bem seguros na mão dele.

Pois Jesus segura firme tudo de que você abriu mão

A DISCIPLINA ESPIRITUAL DA CONFIANÇA ATIVA

Fui levada este ano a um lugar de "confiança ativa".

Meu padrão é de desconfiança e descrença. Essa tendência esteve evidente não só na minha vida espiritual (durante anos fui agnóstica), mas também nas minhas relações interpessoais. Durante os primeiros cinco meses de namoro com o Scott, por exemplo, tive muita dificuldade em confiar nele. E se ele me traísse? Quanto mais passava tempo com Scott, mais o amava. Quanto mais o amava, mais queria saber tudo a respeito dele: seus interesses, seus hábitos e sua comida, banda de rock, cor, música, livros, piadas, cidades, filmes, restaurantes, esportes favoritos e mais. Nada era suficiente.

Quanto mais ficava com Scott e o conhecia, mais confiava nele. Aprendi durante os anos do nosso namoro que não é possível confiar em alguém que você não conhece. O mesmo princípio se aplica ao nosso relacionamento com Deus: você não consegue confiar em alguém que não conhece.

Minha amiga, talvez agora já faça um tempo que você ama e serve a Jesus. Mas quão bem você o *conhece*? Você consegue soltar os balões e

[2] Mateus 28:20, A Mensagem.

Do que abrir mão

- Do arrependimento
- Da vergonha
- Das desculpas
- Dos maus hábitos
- Das compulsões
- Dos julgamentos
- Da indolência
- Dos engano
- Das relações prejudiciais
- Dos pensamentos ingratos
- Do pensamento autodestrutivo
- Dos rótulos que usa há anos
- Do desejo de impressionar as pessoas
- Da noção de que você tem de estar certa
- Do empenho para mudar os outros
- Das pessoas que se recusam a ver o melhor em você

confiar que Ele ainda está segurando todos eles nas mãos? Essa é a confiança ativa. Como o antigo ditado: "Faça de conta até dar certo". A confiança ativa é mais assim: "Tenha fé até dar certo". É como dar a si mesma, de antemão, a dádiva da fé futura.

Brinquei há pouco tempo com uma amiga que Deus está colocando constantemente um post-it bem grande no meu coração com as palavras: "Eu sei como tudo isso vai acabar". Claro que não é um post-it de verdade, mas você entendeu o quero dizer, certo? Deus conhece minha longa história de descrença, e Ele ouve meu clamor: "Creio, ajuda-me a vencer a minha incredulidade!".[3]

Deus sabe de fato como tudo isso termina. Talvez tenhamos de esperar até estarmos no céu para saber que Ele merece nossa confiança em tudo que ainda está para se desvelar em nossa vida. Mas até lá, temos uma escolha a fazer. Podemos escolher confiar em Deus. Podemos escolher a confiança ativa. Podemos confiar nele com tudo que somos porque acreditamos que Ele é tudo que diz ser. Ele não faz tudo que queremos, mas faz tudo que é correto.

E nesse momento, isso é o bastante para mim.

---

[3] Veja Marcos 9:24.

AS PALAVRAS NOS SEUS BALÕES

Que palavras estão escritas nos seus balões?

Você sente Deus a incitando a abrir mão de seus balões?

Talvez você precise abrir mão de algumas coisas que fazem mal a você — uma compulsão, um hábito prejudicial, um relacionamento que deixou de ser saudável. Talvez você precise abrir mão de coisas que são bastante boas — como algumas coisas em sua agenda superlotada. Talvez precise abrir mão daquela crença ilusória de que se você se preocupar bastante com algo, esse algo se resolve. Durante o último ano tive de abrir mão de coisas às quais me agarrei durante anos. Tive de abrir mão de uma amizade que se tornara prejudicial; uma relação confusa que me sobrecarregava tanto que até invadia meus sonhos. E isso aconteceu até eu abrir mão. Tive de abrir mão de oportunidades de dar palestra em algumas conferências porque estava trabalhando no limite e negligenciando a vida em casa. Tive de abrir mão do pensamento equivocado de que se não salvasse minhas filhas, elas nunca seriam bem-sucedidas.

Tive de fazer a mim mesma perguntas difíceis: estou me agarrando a isso porque temo o que acontecerá se não fizer isso? Estou me agarrando a isso porque não confio em Deus tanto quanto confio em mim mesma?

Às vezes Deus nos pede para abrirmos mão de algo porque esse algo não é bom para nós. Às vezes Ele pede para abrirmos mão de algo a fim de ter espaço para o que é melhor.

Deus está me ensinando um conceito importante sobre abrir mão. Quando abro mão do que é bom, tenho espaço para o que é melhor.

Quando, como mãe, abro mão e paro de tratar minhas filhas como crianças, permito que elas cresçam e se transformem nas mulheres belas e responsáveis que foram feitas para ser.

Quando abro mão de um relacionamento pernicioso, abro espaço em meu coração para amizades mais saudáveis.

Quando recuso algumas oportunidades maravilhosas para fazer palestra, tenho tempo para escrever este livro.

De que Deus está pedindo que você abra mão?

Abra mão, mesmo que isso doa.

Abra mão de sua necessidade de controlar o que acontece na igreja e dê a outra pessoa a oportunidade de liderar.

Abra mão de um hábito prejudicial e tenha espaço para aquilo pelo que seu coração realmente anseia — mais de Jesus.

Abra mão da raiva que consome seus pensamentos a fim de abrir espaço para a alegria para a qual foi feita.

Abra mão da amargura em relação à pessoa que a feriu e permita que sua alma voe livre.

Temos, como o motorneiro, de prestar atenção à estrada na qual estamos viajando. Às vezes temos de segurar firme; e às vezes temos de abrir mão.

Você sabe o que escolher? Você saberá o que escolher. Saberá na maneira que uma amiga fala a verdade para você. Saberá em um momento de clareza vinda de Deus. Saberá quando começar a sentir o sabor da liberdade que vem quando você começar a dizer *não* — e descobrir que, afinal, o mundo não se desmantelou porque você disse não.

Jesus mostrará a você como abrir mão. Na verdade, Ele já fez exatamente isso.

Jesus *abriu mão* por vontade própria de seu lugar no céu, descendo através do espaço e do tempo, para salvar um mundo implorando por vida.

Ele fez isso por amor.

Jesus abriu mão do céu para *ficar firme por nós.*

Acabando com o "modo controle"

Se você ainda não tiver certeza. Aqui está a pergunta à qual todas nós queremos responder: devo ficar firme ou abrir mão? Deus, em geral, não escreve isso no paralelepípedo para nós como acontece com os motorneiros, mas Ele nos dá um coração que discerne, suas Escrituras e conselheiras de confiança como guias.

Quando se trata de decidir se aceita ou abre mão de pedidos e compromissos que exigem investimento do seu tempo e conhecimento, a Árvore da Decisão na página 245 pode ajudá-la a determinar como deve proceder. Escreva no topo o problema ou a decisão que está enfrentando e, depois, filtre-o por meio de cada estágio. Essa árvore exige que você, a cada passo, faça uma pausa, ore e ouça a orientação de Deus. Talvez você também precise reavaliar algumas decisões. Se Deus pede para você abrir mão de algo, isso não quer dizer que a porta se fechou para sempre. A reavaliação regular pode ser adequada.

É importante observar que essa ferramenta ajuda você a tomar decisões como se deve ou não assumir um compromisso na igreja ou no trabalho. Essa ferramenta ajuda você a decidir se deve interferir em algo com que seu filho está lutando. Também pode ajudá-la a decidir como responder a um conflito no relacionamento com uma amiga. Essa ferramenta não foi desenvolvida com a intenção de ser usada em escolhas importantes que alteram a vida, como se deve pedir divórcio ou não. Nesses casos, busque imediatamente uma conselheira bíblica de confiança e a orientação de Deus por meio da Palavra dele e da oração.

Se você tiver de abrir mão de algo grande.

Abrir mão pode ser uma das coisas mais difíceis que fazemos. Muitas vezes, temos de entregar alguém ou algo reiteradamente. Nesse caso, sente-se diante do Senhor e imagine a pessoa ou a coisa da qual precisa abrir mão em sua mão cerrada. Agora abra sua mão para Deus.

Se a coisa em sua mão é algo doloroso ou pecaminoso — como um hábito prejudicial ou uma compulsão — escreva-a em um pedaço de papel e, depois, queime o papel.

7

Mudança de plano

POR QUE TODA MANÍACA POR CONTROLE PRECISA
TIRAR DEUS DE SUA LISTA DE TAREFAS?

Estou pestes a lhe pedir para fazer algo que à primeira vista vai parecer um absurdo; por isso, deixe-me passar para você alguns eventos antes de começarmos.

Era 2004. O ano em que me apaixonei por Jesus e abracei o plano de Deus para minha vida. Durante anos, toda manhã acordava e sussurrava: "O que vamos fazer hoje, Senhor?".

Posso dizer a você que nunca ouvi Deus falar de maneira audível comigo, mas sabia que Ele estava falando para minha alma. Talvez seja assim que "o murmúrio de uma brisa suave" funcione. Reconheci que a voz tem o dialeto da Escritura, a cadência do conselho de uma amiga de confiança, o tom suave de uma canção. Essas mensagens no momento certo me levaram a tomar decisões sobre a carreira e sobre a família. Essas mensagens, antes do evento de Jesus na minha vida, pareciam coincidências, mas comecei a vê-las como "coincidências de Deus". Fui tão tomada pelas coincidências de Deus que escrevia sobre elas com regularidade em meu blogue.

Naqueles dias, levava minha vida me sentindo como parceira de Deus, em vez de querer desempenhar o papel de Deus. Desde a infância, eu tinha a tendência de querer dar as ordens, mas com grande alívio descobri — por fim — que nem tudo dependia de mim. Eu não estava no comando dos resultados. Mesmo quando tudo deu errado, Deus manteve meus olhos na direção certa. Continuei levantando toda manhã pedindo ao Senhor a programação dele para mim e continuei ouvindo sua resposta.

Meus diários antigos mostram o impacto que o relacionamento de confiança causou na minha vida. As páginas exalam paz, esperança e inocência. Minha fé — nova como era — modelou profundamente a maneira como eu lidei com os desapontamentos na minha carreira, como lidei com a depressão pós-parto, como eu respondia às surpresas. Minha fé era tão inocente e tão bela. Ao folhear, não muito tempo atrás, as páginas daqueles diários antigo, chorei pela ternura em meu coração. Confiava muitíssimo nele.

Essa relação de confiança, bela como era, não aconteceu de modo espontâneo. Foi necessário trabalho, tempo e compromisso — a disciplina espiritual da confiança ativa. Minha vida provou a verdade do versículo em Tiago: "Aproximem-se de Deus, e ele se aproximará de vocês".[1] Minhas horas despertas eram passadas ao lado de Jesus — lendo as Escrituras, conversando com mentoras espirituais, correndo riscos loucos que, no final, provariam que Deus é fiel. Recentemente, a filha de uma amiga, agora já crescida, disse-me que uma de suas primeiras lembranças de mim era de quando nossas famílias foram de férias para o lago. Ela olhava pela fresta da porta do banheiro eu lendo a Bíblia enquanto secava o cabelo. Eu nunca tinha o suficiente de Deus.

Mas perceba como escrevi sobre tudo isso no tempo passado. O que aconteceu?

Parei de fazer o que era necessário. Isso não aconteceu da noite para o dia, mas em uma série de semanas que se transformaram em meses. Essa é a maneira como alguns casais descrevem que um casamento pode

[1] Tiago 4:8.

perder aquelas fagulhas de emoção que os mantêm apaixonados. Com o tempo, eles se distanciam um do outro. Em minha relação com Deus, Ele não se afastou, eu me afastei.

Dizendo de uma forma bem simples: eu estava realmente ocupada. Isso não é uma desculpa, mas é o motivo pelo qual me afastei. Entreguei-me a uma variedade de tarefas, em vez de me entregar a Deus. Eu certamente tinha me esquecido de uma ilustração de sermão que ouvira anos atrás — uma das estratégias mais eficazes do inimigo para fazer com que os seres humanos se distraiam de Jesus é "mantê-los ocupados".

Minha agenda semanal — apesar de ser apenas um pedaço de papel sobre minha escrivaninha — começava a ter mais peso que meu diário de oração. No atordoamento e no nevoeiro da produtividade, o problema não foi reconhecido logo de início. Um sentimento perturbador me alertou que estava faltando alguma coisa, mas levou outros dois anos para conseguir descobrir o que era. Meu apetite por arbítrio sobre tudo traiu meus medos mais profundos em relação ao meu futuro. Minhas listas e planos eram uma forma de garantir que eu sabia *exatamente* o que teria nos dias e meses à frente. (E, sim, percebo como esse tipo de vigilância da vida parece ridículo quando vemos esse controle por escrito.)

Você conhece aquele dito antigo sobre planos: "Se quiser fazer Deus rir, conte a Ele seus planos". Você provavelmente também conhece até o dito mais antigo: "Em seu coração o homem planeja o seu caminho, mas o Senhor determina os seus passos" (Provérbios 16:9).

Quando consegui por fim atravessar o nevoeiro e sair do outro lado, percebi como minha ambição tinha me levado a lugares onde eu não queria estar: perto de Deus o suficiente para que pudesse encontrá-lo na igreja, mas não o bastante para reconhecer sua voz na minha cozinha.

A batalha por meu coração estava sendo travada nas páginas da lista de tarefas. As tarefas que seduziam minha motorista interior estavam ganhando a batalha. Então fiz o que achei ser a resposta mais razoável e santa: coloquei Deus no topo da lista. E escrevi de fato seu nome — D-E-U-S — bem ao lado de um espaço para marcar a escolha no meu bloco de notas.

Tinha lido vários livros encorajando as pessoas a separar momentos e lugares específicos para ficar com o Senhor. Por isso, comprei uma cadeira e enchi uma cesta com meus devocionais favoritos, três versões diferentes da Bíblia, um diário de oração e uma caneta marca-texto. Algumas manhãs acendia uma vela. E durante anos, encontrei-me com Deus ali.

Assentava-me naquele lugar escolhido para meu *tempo de quietude*, ao lado da vela votiva tremeluzente com aroma de baunilha. Depois de algum tempo, algo soava errado, pois nada era parecido com o que senti durante a lua de mel de dois anos depois de renovar meu compromisso com Jesus. Soube que estava em perigo quando me peguei olhando para o relógio durante meus minutos ali naquela cadeira. Alguns dias, se não "*conseguia algo com o meu tempo de quietude*", ficava ressentida com Deus. Não percebi na época, mas tratava com frequência o Deus do universo como um empregado, em relação ao qual eu agia como chefe, dizendo a ele o que precisava que fizesse para mim a fim de que eu fizesse o que eu precisa que fosse feito. Acostumei-me a me levantar perguntando "O que vamos fazer hoje, Senhor?", mas aconteceu uma mudança perigosa: comecei a ir até Ele com uma lista de exigências.

O Salvador da minha vida passou a ser um item na lista. "Passe quinze minutos com Jesus." Feito. Ir em frente.

Essa foi a maneira horrível como desenvolvia o relacionamento mais importante e definidor da minha vida. Não estou dizendo que havia algo errado com o tempo de quietude. Mas estou dizendo que o tempo de quietude é ineficaz se deixo Jesus na poltrona da minha sala de estar e esqueço de ser parceira dele pelo resto do meu dia.

Fui muito condenada recentemente por uma ilustração de Francis Chan. Ele começa descrevendo um cenário familiar para os pais de qualquer lugar do mundo — o que acontece quando ele diz à filha "Ei, mocinha, vá limpar seu quarto":

Ela não vai voltar cerca de duas horas depois e dizer: "Oi, papai, lembro o que você me disse. Você disse 'Ei, mocinha, vá limpar o seu quarto'". O que vou dizer é: "Ah, bom trabalho! Era isso exatamente que eu queria!". Não, nada disso.

E ela não virá a mim e dirá: "Papai, consigo dizer em grego: 'Vá limpar seu quarto'. Ouça. Ouça". Isso não vai rolar.

E se ela disser: "Sabe do que mais? Minhas amigas e eu vamos nos reunir e vamos fazer um estudo juntas todas as semanas, e ficamos imaginando como seria se limpasse meu quarto". Não, isso também não vai rolar. Apenas vá e limpe o quarto. Ela sabe. Então por que achamos que esse tipo de pensamento ou esse tipo de conversa vai funcionar com Jesus?[2]

Eu estava lendo a Palavra de Deus e memorizando-a, mas não estava de fato internalizando-a. Mesmo quando não desobedecemos a Deus de modo flagrante, podemos tratar o tempo com Ele como uma abstração que não está de fato mudando nada em nosso interior.

Hoje, quando relembro aquelas horas ali na cadeira, parecia muitas vezes com uma visita em uma prisão, quando o guarda dá a você tempo para conversar em um telefone fora de moda com um pedaço de vidro grosso e embaçado entre vocês dois. Você vê o ente querido do outro lado, mas não consegue de fato tocá-lo — só consegue pressionar os dedos no vidro velho. Eu era a prisioneira.

Meu tempo de quietude tinha perdido a eficácia porque passei a tratar Jesus como um item em uma lista de afazeres, em vez de como o Senhor da minha vida. Caso fosse viver como se acreditasse de fato que Deus estava no controle, tinha de aprender a confiar nele de novo. Nunca conseguiria entregar o controle da minha vida, da minha agenda,

---

[2] Francis Chan, *Basic: Who Is God?* Volume 2, série em vídeo (Colorado Springs, CO: David C. Cook, 2010), https://www.youtube.com/watch?v=bgQ2wiTefmQ.

da minha lista de afazeres, das minhas filhas e do meu casamento a alguém em quem não confiasse.

O primeiro passo foi este: tirei Deus da minha lista de afazeres.

DEUS CONSEGUE

Está certo, tirei Deus da lista.

Observei meu marido em busca de dicas de como fazer isso. Para meu marido, um fazendeiro, Deus não é um item na lista de afazeres. Deus junta a lista e a entrega todos os dias para Scott.

Deus e Scott se encontram toda manhã na sala de estar com um café e a Bíblia com capa de couro. Isso acontece há mais de uma década, e Scott não quer que você pense que ele é um supercristão. A entrega, diz ele, vem da sua necessidade, e não de algum gene suspeito que você herdou. Ele é um fazendeiro, está sempre à mercê de Deus.

Falo sobre isso em meu primeiro livro *Love Idol* [Ídolo do amor].

Meu marido pode raspar a sujeira e soltar minúsculas partículas da máquina de plantio, mas não consegue fazer os céus se abrirem. Ele consegue carregar um saco fechado de semente de marca, mas não consegue convencer um ramo verde de vagem a nascer. Ele pode usar tecnologia de GPS, mas não consegue prevenir uma tempestade de granizo. Ele pode clicar com o mouse e prever tudo que quiser, mas uma tempestade de neve ainda pode atravessar seus campos antes que a colheita termine.[3]

Scott, um homem com fortes tendências do tipo motorista, pode fazer todos os planos que quiser, mas, em última análise, o único plano que vai funcionar é aquele feito por Deus para ele. Quando meu marido caminha em direção à caminhonete depois do café da manhã, Jesus sai

---

[3] Jennifer Dukes Lee, *Love Idol* (Carol Stream, IL: Tyndale House, 2014), p. 83.

pela porta com ele. Jesus não é alguém que fica na sala de estar jogando algum joguinho no celular, esperando no sofá até o momento de quietude de Scott na manhã seguinte.

É claro que isso é verdade para todas nós. Jesus vai conosco ao supermercado, ao consultório do dentista, ao veterinário, à cabeleireira; mas nem sempre estamos conscientes desse fato da mesma forma que um fazendeiro. O trabalho na fazenda o coloca em uma posição de confiar em Deus. É uma forma de viver em que você não pode deixar escapar a verdade: Deus é Deus do relógio, Deus do calendário, Deus do tempo, Deus da lista de afazeres. Só Deus sabe quando a chuva vem, quando o calor aumenta, quando está na hora da semente forçar sua saída da escuridão para a luz.

Muitas pessoas têm noções românticas a respeito da vida na fazenda. Mas há coisas difíceis abaixo da fachada idílica. Há incertezas torturantes, grandes perdas, noites em claro, mercados malucos, secas, insetos, doenças, tempestades de granizo, equipamentos que quebram quando você mais precisa deles e, tragicamente, o desespero que leva a uma taxa de suicídio acima da média nacional.[4]

Scott costuma dizer que não tem escolha a não ser confiar em Deus. Faz anos que ele anda por essa fazenda dizendo: "Deus consegue". E quando ele diz "Deus consegue", está dizendo a si mesmo a verdade. Essa é uma forma de confiança ativa.

Na cultura ocidental, é tentador dizer "Deus consegue", mas não viver isso de fato. Somos mais uma cultura do tipo "você consegue isso".

Você quer perseguir sua paixão? Você consegue isso.

Você quer iniciar um negócio? Você consegue isso.

. . . .
[4] Mike Rosmann, "Suicide Death Rate of Farmers Higher than Other Groups, CDC Reports", *Iowa Farmer Today*, 5 de agosto de 2016, http://www.agupdate. com/iowafarmertoday/opinion/columnists/farmandranchlife/suicide-death-rate-of-farmers-higher-than-other-groups-cdc/article_3274056b-50a2-5e22-91d57da991a996ea.html.

Você quer começar um novo programa de exercício? Você consegue isso.

Você, em seu íntimo, definitivamente quer fazer todas essas coisas, mas com que frequência você e eu esquecemos que o que está "em nós" *é o próprio Espírito de Deus*?

Vivemos em uma cultura em que nos preparamos para interpretar o papel de Deus. Da primeira vez que descobri que minha mamografia estava anormal, meu instinto imediato foi correr para o Google e perguntar o que significa "tecido assimétrico".

Para quase todo cenário possível, temos um meio de controle a nossa disposição: um spray para controlar ervas daninhas, um creme para controlar as rugas, uma pílula para controlar a fome. Não é de admirar que fomos levadas a cometer a tolice de pensar que somos quem dá as cartas. É difícil entregar nossa vida a Deus quando nós mesmas cobrimos todas as frentes, não é mesmo?

Isso, é claro, faz com que nos sintamos sempre em uma situação difícil sob todos os aspectos. E, de repente, olhamos ao redor, examinamos nossa vida e descobrimos que Jesus passou a ser um item na lista de afazeres.

O que queremos com nossa vida? O que queremos de fato? Quando jogamos fora toda a quimérica autossuficiência, conseguimos ver com clareza. Queremos Jesus. Estamos famintas pelo Deus que conquistou nosso coração. Queremos fazer as coisas que Deus quer que façamos. Queremos ser parceiras dele, não mandar nele. Quando descansamos nossa cabeça no travesseiro à noite, queremos sentir a satisfação incomparável de saber que passamos o dia no cerne da vontade dele. Queremos ser lembradas, como mulheres, que fizemos exatamente o que Deus queria que fizéssemos — em vez de ser mulheres exauridas cujo excesso de trabalho lhes roubou a alegria.

Nada mais em *nossa* lista de afazeres importa tanto quanto saber que fomos completamente obedientes à vontade *dele*. Nada nos dá maior alegria do que aceitar o convite de Deus para fazer parte do que Ele já está fazendo.

Em vez de trazer nossa agenda para Deus, podemos ser servas da agenda que Ele tem para nós. Ele não tem mais de ser um item da nossa lista de afazeres. Em vez disso, podemos começar nosso dia entregando a Ele a lista e deixando-o nos conduzir a respeito do que colocar na lista.

Falamos sobre como Cristo está em nós, o que é totalmente verdade! Mas e se virmos a verdade maior: que nós estamos em Cristo! Eis aqui uma representação visual dessa verdade:

CRISTO EM NÓS

ESTAMOS EM CRISTO

O mesmo princípio se aplica à nossa lista de afazeres.

Vamos tirar Deus da nossa lista de afazeres e entregar tudo nas mãos dele. Essa é uma mudança espiritual e estratégica. Deus, em quem tudo subsiste,[5] pode lidar com tudo em sua lista, incluindo a organização de tudo ali. Ele é o detentor da lista, e não uma peça dessa lista.

---

[5] Veja Colossenses 1:17.

Por que se contentar só com um pouquinho de Deus, quando você pode ter toda a paz de Deus?

FAÇA TUDO QUE ELE LHE MANDAR

Tirar Deus da nossa lista de afazeres exige uma nova maneira de pensar e de responder.

Nossa mentora será Maria, a mãe de Jesus. Ouça o conselho dela: "Façam tudo o que ele lhes mandar".[6]

Vamos caminhar e passar pelas portas do casamento em Caná. Como você se lembra, esse casamento é o local do primeiro milagre de Jesus. Ele transformou água em vinho. Um dos motivos pelos quais amo esse milagre em particular é que ele prova que Deus se importa com as pequenas coisas. O primeiro milagre de Jesus não foi de cura. Naquela noite, Ele não deu a visão a alguém nem ordenou ao paralítico que ficasse de pé sobre os próprios pés.

Nada disso, Ele fez vinho.

Isso mesmo, Deus se importa com as coisas grandes da vida: com as colheitas, com o câncer e com as catástrofes. Mas Ele também se importa com as coisas pequenas, incluindo tudo na sua lista de afazeres, dia a dia. Minha amiga, se a lista é importante para você, é importante para Deus. Seus prazos finais importam a Deus. Seu trabalho duro importa a Deus. Sua dor de garganta importa a Deus. A discussão sem importância que teve com seu marido na noite passada importa a Deus. Sua briga no escritório importa a Deus.

A história em Caná é uma prova disso.

Na festa de casamento, os servos descobriram que o vinho acabara. Essa seria considerada uma grande gafe na Galileia do primeiro século.

A mãe de Jesus estava no casamento, e amo como ela reagiu a esse problema. A menos que tivessem designado a ela o papel de planejadora

[6] João 2:5.

As coisas que mais irritam maníacas por controle

- Quando alguém inexplicavelmente não reconhece a genialidade de suas ideias.
- Quando seu marido limpa errado o banheiro.
- Quando você planeja o dia, e ninguém segue seu roteiro.
- Quando o camarada na sua frente na fila rápida do supermercado tem trinta e dois itens, e você tem o máximo permitido de dez itens.
- Quando se aborrece porque o xampu e o condicionador não acabaram ao mesmo tempo.
- Quando você está de férias, mas não no comando do itinerário. Ou pior, *não há itinerário algum*.
- Quando alguém lhe diz para relaxar, "ficar fria" ou não se estressar.

do casamento, ela realmente não tinha que interferir em nada. Acho que ela era um pouquinho como você e eu. Ela simplesmente queria ajudar. Talvez ela fosse do tipo devotada. Talvez ela amasse tanto seus amigos que queria poupá-los do embaraço de ficar sem um item básico para a festa.

Ela teve uma atitude decisiva, foi até o filho e transmitiu a Ele a novidade "Eles não têm mais vinho".

Jesus respondeu: "E isso é da nossa conta, mãe?" (João 2:3-4, A Mensagem).

Nesse ponto, Maria podia ter tomado o assunto em suas mãos e ido ao mercado comprar o vinho. Mas como ela confiava em Jesus, ela se virou para os servos e disse: "Façam tudo o que ele lhes mandar" (v. 5).

Faça tudo que Ele lhe mandar. Isso, minha amiga, é o #ConsertaIssoJesus original.

Maria sabia que seu filho podia resolver o problema, mas duvido que ela soubesse como Ele faria isso. Talvez Maria achasse que Ele indicaria aos servos a vinícola mais próxima. Quem sabe o que ela imaginou que Jesus faria. A essa altura, seria algo inconcebível para ela imaginar que seu filho realizaria um milagre da magnitude do que Ele estava prestes a realizar. Porque a essa altura, pelo que a Escritura nos relata, ninguém na sala tinha visto do que Ele era capaz — ressuscitar pessoas dentre os mortos, abrir ouvidos aos surdos, enviar porcos endemoninhados para o penhasco, alimentar grandes multidões sem demora.

E imagine a obediência cega que foi necessária por parte dos servos para fazer o que Jesus lhes disse para fazer a seguir.

Jesus entregou aos servos a lista deles de afazeres.

Ali no topo da lista estava: "Encham os potes com água".

Eles, a seguir, encherem os potes até a borda.

O segundo item na lista era: "Agora, levem um pouco ao encarregado da festa".

Imagine a descrença dos servos. Se eu fosse algum daqueles servos, teria dispensado educadamente Jesus, fazendo-o sair aos poucos da sala.

— Você entende, né, Jesus? Mas vou ver se o José, dono do armazém, tem algum vinho nas prateleiras.

Será que teria me ocorrido a ideia de despejar água de enormes vasos usados para limpeza cerimonial?

Jamais. Sem chance.

Mas aqueles servos fizeram o impensável. Primeiro, eles ouviram Maria, que lhes disse: "Façam tudo o que ele lhes mandar". Depois, eles pegaram a lista de coisas a fazer que Jesus lhes deu e fizeram as tarefas exatamente como Ele determinara que fizessem.

"Eles assim fizeram, e o encarregado da festa provou a água que fora transformada em vinho, sem saber de onde este viera, embora o soubessem os serviçais que haviam tirado a água" (v. 8,9).

O mestre de cerimônias, a seguir, chamou os noivos de lado e os parabenizou por servir um vinho tão bom. Beba, beba, viva!

Uma das partes mais legais da história é esta: os discípulos de Jesus, por causa desse milagre surpreendente de transformar água em vinho, "creram nele" (v. 11).

Imagine como nossa vida seria se abríssemos mão de nossas listas e fizéssemos tudo que Jesus nos dissesse para fazer. Imagine quem pode colocar sua fé em Jesus por causa da nossa obediência à lista que nos foi entregue pelo Mestre.

"Façam tudo o que ele lhes mandar." Peça ao Senhor, todos os dias, suas instruções.

"Façam tudo o que ele lhes mandar." Aceite o convite para ser parceira dele.

"Façam tudo o que ele lhes mandar." Não importa qual seja a tarefa, a missão, o prazo final. Peça que Ele a oriente e, depois, obedeça às ordens dele.

"Façam tudo o que ele lhes mandar." Fique tão intimamente familiarizada com a voz de Jesus a ponto de reconhecê-la de modo inconfundível. Depois, diga sim para qualquer coisa louca, maravilhosa, inesperada e excêntrica que Ele lhe peça para fazer.

Você não sabe o que resultará da sua obediência cega, mas Jesus sabe. Ele sabe como transformar água em vinho.

Se continuarmos a nos agarrar firmes à nossa própria agenda, concedendo a Jesus quinze minutos às sete da manhã e, depois, seguindo em frente, nunca saberemos o que poderia ter sido.

Faça tudo o que Ele lhe mandar.

Precisamos dessas palavras para orientar nossas decisões diárias. O mundo é um banquete de escolhas: faculdade, igreja, emprego, amizades. Isso é o que é importante na vida.

Mas pense em todas as decisões aparentemente pequenas que você toma todos os dias: de que tarefas deve se incumbir, que direção seguir, que médico escolher.

Tudo pode parecer terrivelmente opressivo, e tenho muitas vezes a tentação de tomar as decisões que se ajustam aos meus interesses, em vez de aos interesses de Deus. Passei tempo demais colocando Jesus na minha lista de afazeres e achando isso bom.

Em vez de fazer isso, vamos pedir a lista *dele*.

Recentemente, pus esse novo plano em ação. Comecei fazendo uma oração simples a cada dia — uma forma de buscar primeiro a orientação de Deus. Nem sempre acerto, mas fazer essa oração mantém meu coração alinhado com o dele. A oração é assim: "Deus, ajuda-me a fazer escolhas hoje que honrem teus planos para minha vida".

Sei muito bem que são palavras fáceis de falar, mas são palavras mais difíceis pelas quais viver.

Mas quando rememoro meus anos de lua de mel com Deus, lembro que isso é possível. Estou no processo de ouvir de novo Deus falando.

Oro todos os dias para que sempre nos lembremos de que os planos de Deus são maiores que os nossos — o que significa que o fruto das nossas escolhas pode sobreviver a nós.

Enquanto seguimos em direção a tudo que Deus tem para nós, vamos responder de todo o coração à ordem "Façam tudo o que ele lhes mandar".

Jesus não é um item em nossa lista de afazeres. Ele está segurando a lista. E quando você é parceira dele, é convidada a tomar parte no trabalho maravilhoso que Ele já está fazendo.

Talvez você se pergunte como vai saber. Prometo que você vai saber. Definitivamente você vai saber. Deixe de lado a lista por um momento. Apenas ore: "Querido Deus, nunca me deixe ser tão ocupada que não possa ouvir sua voz".

Acabando com o "modo controle"

Na próxima semana, transforme em um objetivo a prática de tirar Deus da sua lista de afazeres. Planeje cada dia como se Deus estivesse sentado ao seu lado enquanto você monta a agenda diária. Enquanto estiver sentada com Ele à mesa da cozinha ou à sua escrivaninha, sintonize a agenda de Deus para seu dia. Pense em tornar esse exercício uma parte de tempo matinal regular de oração. (Se não tiver um tempo matinal regular de oração, que tal começar essa prática hoje?)

E depois "faça tudo que Ele mandar". Quando montar sua lista, não espere ouvir uma voz retumbante vinda do céu. Espere momentos de discernimento, aguçados com a prática regular. Essa atividade a ajudará a ver que tudo que faz em um dia é uma forma de parceria com

Deus. "Assim, quer vocês comam, bebam ou façam qualquer outra coisa, façam tudo para a glória de Deus" (1Coríntios 10:31).

Se no curso de seu dia ocupado tiver dificuldade de lembrar que está seguindo a agenda de Deus, desenhe um grande círculo em torno da sua lista de afazeres e escreva "DEUS" no círculo como um lembrete de que essa é a lista de Deus, não a sua.

8

Sem pistas

O QUE FAZER QUANDO A LISTA DE TAREFAS
DE DEUS NÃO FAZ SENTIDO

Lembra-se da lista de afazeres que fez consultando a Deus? Esqueci de dizer uma coisa sobre ela. Tem vezes em que os itens na lista dele não farão o menor sentido para você.

Quer saber como sei disso?

Muitos anos atrás, um grupo de mães na Califórnia me pediu para entregar uma mensagem sobre abrir mão da nossa necessidade de aprovação dos outros. Elas queriam que eu transmitisse a mensagem via Skype, em vez de ir pessoalmente de Iowa até a Califórnia.

Concordei porque senti que o Senhor estava me guiando a entregar essa mensagem, embora o meio de transmissão fosse estranho. Também sei o tipo de pressão que as mães colocam sobre si mesmas para ter tudo sob controle e acreditava que minha mensagem traria algum alívio. (Minha nossa, nós mães podemos ser tão agressivamente terríveis conosco.) Vi essa mensagem como uma oportunidade para aplicar um pouco de palavra de cura para as feridas dessas mulheres.

"Reunimo-nos" em uma quarta-feira de manhã. Estava sentada no meu escritório em Iowa, em frente à minhas prateleiras, aquelas em que todos os livros estão arrumados por cor seguindo a ordem do arco-íris. (Tenho certeza de que esse código de cores nas prateleiras não espantou você.) Transmiti minha mensagem pelo laptop. Conforme falava, meu rosto e minha imagem eram projetados, ao vivo, em uma tela gigante montada na Menlo Church, em Mountain View, Califórnia.

Depois de me despedir e terminar a chamada via Skype, chamei meu marido em seguida. Ia dizendo isso enquanto andava pela casa como uma lunática delirante: "Nunca, nunca, *nunca, nunca* mais vou fazer uma coisa dessas de novo. Foi pavoroso! Horrível! Me promete que nunca vai me deixar fazer algo assim de novo".

Esse é o motivo por que pirei: o tempo todo que estava falando, não conseguia ouvir ninguém do outro lado. Nem podia ver o rosto delas. Por causa da maneira como a tecnologia funciona na sala de reunião da igreja, as mães podiam *me* ver e ouvir alto e claro na tela. Mas eu não ouvia nada — nem mesmo os grilos. Minha visão era um vídeo granulado com a nuca dos presentes ali.

Não consigo nem começar a dizer a você a dificuldade de falar para uma multidão sem receber qualquer sinal visual se a mensagem está se conectando com os ouvintes. Esse é o pior pesadelo de uma maníaca por controle.

O único movimento real que vi na sala foi este: mulheres se levantando para sair. Aonde elas estão indo? O que eu disse? A suposição: *Estou fracassando. Minha mensagem está errando o alvo!* (Como diz a frase famosa de Úrsula: "Não subestime a importância da linguagem corporal".)[1]

Milagrosamente, consegui me segurar por completos quarenta e cinco minutos, agarrando-me a Deus como se Ele fosse o último pedaço de madeira flutuante após o naufrágio do *Titanic*. Em meu interior, eu sabia que esse navio naufragara e sentia como se tivesse sido enganada por Deus ao aceitar o convite para uma viagem digital para a Califórnia.

Algumas horas depois do evento, a organizadora do evento enviou um e-mail delicado, dizendo como as mulheres foram impactadas pela

....
[1] Alan Menken e Howard Ashman, "Poor Unfortunate Souls", trilha sonora *The Little Mermaid*, Walt Disney Records, 1989.

minha mensagem. Não acreditei nela. Nada disso. Não conseguia afastar o sentimento de que havia fracassado. Confiei mais nos meus olhos e nos meus ouvidos do que no e-mail dela e no meu coração — pior, *mais do que confiei em Deus*. Confiei nas minhas piores suposições mais do que confiava em promessas do tipo: "Aquele que os chama é fiel" (1Tessalonicenses 5:24).

A avalanche de conversa interior negativa foi tão ensurdecedora que não conseguia ouvir a voz de Deus. Some a isso o fato de que posso ser do tipo "já sei de tudo isso", então já sabia o que Deus poderia me dizer: "Mesmo se você tiver tocado apenas uma pessoa, já valeu a pena".

"Você plantou as sementes, agora as farei crescer."

"Você está encarregada da obediência; eu estou encarregado dos resultados."

"Confie em mim e não se apoie em seu próprio entendimento."

Eu já tinha em mente como seria o "sucesso". Tinha lido cursos de treinamento de palestrantes que ensinam você a se imaginar no palco, envolvendo-se com a audiência. As pessoas, nesse jogo mental de personificação de papel, estão sorrindo para mim. Elas não estão se levantando e *indo embora*.

Depois de alguns dias aborrecida com meu fracasso, arrependi-me da minha falta

Lugares que ativam a sua mania por controle

- A prateleira de livros desorganizada de uma amiga — não arrumada em ordem alfabética, por tamanho, cor ou até mesmo por gênero!
- A cozinha, quando decide deixar seus filhos a "ajudarem" com uma receita.
- O carro no estacionamento quando ocupa duas vagas.
- A fila do caixa da mercearia gerenciada por um estagiário adolescente.
- A luz vermelha do semáforo quando está atrás de alguém que estava no celular e não vê a mudança para a luz verde — e, depois, você é quem se sente culpada por buzinar.
- O computador quando, em cima da hora do prazo final, aquela bolinha azul não para de girar na tela.

de disposição de ouvir a Deus. Uma manhã, tirei um tempo para ouvi-lo de fato. Percebi que minha falta de confiança era mais profunda do que esse compromisso de palestrar para uma audiência. Meus problemas de confiança eram porque tive propensão às questões de controle durante a maior parte da minha vida. Conforme mencionei no capítulo 6, o motivo pelo qual quero lidar com partes da minha vida é porque tenho medo de que Deus não se saia bem. Tenho de estar no comando de todos os resultados, das redes seguras, dos planos de contingência e das rotas de fuga no zoológico no evento improvável de os leões fugirem ou, pior, das cobras escaparem. Vou dizer a você que confio em Deus, mas nem sempre ajo como se confiasse.

Conforme examinava meus problemas com controle, bem lá no fundo fiquei convencida de que minha confiança é muito pequena porque faço uma parte muito grande da minha vida girar em torno de *minha* agenda, em vez de em torno da agenda de Deus. Fico assustada só de pensar em ser completamente obediente porque se não tomar as rédeas de tudo em minhas mãos, talvez fique desapontada com os resultados.

Porque, reconheçamos, o caminho de Deus nem sempre é o caminho de menor resistência. Quando entregamos de fato os resultados para Deus, podemos não gostar do que acontece. Não é de admirar que releguemos Deus a ser um item na lista! Ele parece mais seguro quando está confinado a um espaço de quinze minutos no início do dia e a algumas orações doces à mesa de jantar e, mais uma vez, na hora de dormir. Deus em um caixa de fósforos é bem mais satisfatório e mais fácil para nós.

Talvez você tenha esse mesmo sentimento. Pense a respeito de um tempo em que você foi obediente e seguiu o caminho que Deus pediu que você seguisse e, depois, ficou desapontada de se ver em uma rota totalmente diferente da que esperava. Tive decepções muito mais esmagadoras do que aquela do encontro on-line com as mulheres da Califórnia. Vocês também tiveram. Algumas de vocês entraram em um emprego novo só para um ano mais tarde perder o emprego em uma demissão maciça. Algumas de vocês largaram toda a segurança só para entrar no campo missionário. Depois, a despeito de toda obediência tiveram uma crise espiritual deflagrada pelo sofrimento ao seu redor. Talvez você se sinta como se estivesse fazendo exatamente o que Deus lhe pediu para fazer, mas nunca teve uma chance de experimentar o fruto de seu esforço. Na verdade, você não testemunhou o fruto durante todo seu tempo na terra. Essa é a obediência espantosamente assustadora.

Talvez Moisés tenha se sentido assim. Com coragem e suor na testa. Moisés liderou seu povo durante quarenta anos no caminho para a Terra Prometida, mas nunca pisou nela. No fim de sua vida, ele ficou no topo monte Nebo, contemplando a Terra Prometida. Ele podia praticamente jogar uma pedra, e ela cair na culminação da maior missão de sua vida. Mas ele ficou ali — um homem velho — fora de tudo pelo que trabalhara, com a mão de Deus segurando-o ali. Deus disse estas palavras para ele: "Permiti que você a visse com os seus próprios olhos, mas você não atravessará o rio, não entrará nela".[2]

Você não entrará nela.

Pense nas vezes em que fez tudo a que foi chamada a fazer, mas o *grand finale* nunca se descortinou para você. Não houve aclamação da multidão, nenhum coro angélico cantando acima. A Terra Prometida estendendo-se diante de você, enquanto permanecia congelada nos escombros de seu trabalho árduo, retida pela mão de Deus. *Você não entrará na Terra Prometida.*

Você criou seus filhos, treinou-os obedientemente no caminho que uma criança deve seguir apenas para assisti-los fazer escolhas dolorosas das quais você queria salvá-los. *Você não entrará na Terra Prometida.*

Você ouviu um sermão e se sentiu convencida a pedir perdão a uma amiga. Tomou coragem para se aproximar dela, mas ela não aceitou seu pedido de desculpa. *Você não entrará na Terra Prometida.*

Você deixou o emprego e se sentiu chamada para se mudar para o outro lado do país, contudo, seus familiares acharam que você estava

. . . .
[2] Deuteronômio 34:4.

louca. (Se essa for você, apenas lembre-se: a família de Jesus também pensava que Ele estava "fora de si".)[3] Você sabe que fez o que foi chamada a fazer, mas carrega a desaprovação de todos os demais, e isso parte seu coração. O segmento querido da sua personalidade quer o selo de aprovação deles, mas *você não entrará na Terra Prometida.*

A obediência não é para os covardes. A obediência, à primeira vista, pode parecer uma postura passiva de deixar Deus levar você para onde Ele quiser. Mas acontece que a obediência é, com bastante frequência, uma coisa corajosa que a compele a se pôr de pé e a marchar em frente, mesmo se ela ameaçar a segurança, os próprios anseios e a ideia de ser bem-sucedida. A obediência não é um ato dos fracos, mas uma ascensão dos fortes. A obediência pode deixá-la embaraçada ou ser inconveniente para você. Às vezes, ela a deixa no escuro, e a única claridade que tem é o pequeno ponto de luz a seus pés. Você pede um holofote para ver tudo bem claro a sua frente nos dois anos seguintes de sua vida, mas Deus, em vez disso, dá a você uma "lâmpada para os seus pés"[4] e não a deixa ver nada além dessa hora.

Uma voz profunda em seu interior lhe diz "Está tudo sob controle", mas é difícil acreditar nessa voz sem ter resultados visíveis como evidência.

Naquela manhã, quando me arrependi — depois do evento via Skype —, pedi a Deus um brilho da lâmpada tão intenso quanto Ele, Deus, pudesse me deixar ver. Senti Deus me dizendo isto: *Muito antes de você nascer, vi a imagem panorâmica de tudo. Designei algumas peças para você colocar durante seu tempo na Terra. Estou convidando-a a colocar suas peças no lugar onde devem estar e confiar que posso sozinho ver como elas se ajustam no todo.*

Todos os dias temos de fazer uma escolha. Podemos escolher acreditar que Deus vê a imagem panorâmica e que estamos aqui para colocar certas peças no lugar, mesmo quando isso não faz sentido para nós.

....
[3] Marcos 3:21.
[4] Salmos 119:105, ARC.

Mesmo quando é inconveniente. Mesmo quando machuca. Mesmo quando temos de entregar todo o resultado.

Não há nada de passivo em uma entrega dessas. As mulheres do tipo queridas têm de abrir mão dos índices de aprovação e de reputação. As do tipo motoristas têm de entregar suas visões idealistas. As devotadas têm de continuar plantando sementes de amor, confiando que Deus está trabalhando sob o solo.

NÃO TEMOS NENHUMA PISTA DE VERDADE

Não temos de fato nenhuma pista do que Deus está fazendo. Achamos que temos, mas não temos.

Era um dia quente de maio. Local: o aeroporto de Sioux Falls, Dakota do Sul, onde eu estava para tomar um avião para a Menlo Church, na Califórnia. Isso mesmo. *A mesma igreja.* Será que tinham esquecido o Ministério do Grande Desastre de três anos antes? Talvez acreditassem na graça das segundas chances.

Estava sentada próxima a um banco longo acompanhando as janelas do aeroporto com minha bagagem de mão aos meus pés, um travesseiro de pescoço no colo e um pacotinho de amêndoas na minha mão direita. Olhava para fora fazendo perguntas deste tipo para mim mesma: *Você consegue acreditar que elas estão pagando um bom dinheiro para você voar até lá? E se você falhar de novo?*

Mas a parte de meu ser entregue a Deus acabou por me dizer: *Shhhhhhh. Fica em paz. Fica quieta.*

Voei para a Califórnia. Na manhã seguinte, entrei em uma sala grande com mesas redondas decoradas com cores primaveris vibrantes. Na frente da sala vi a tela onde meu rosto fora projetado três anos antes. O medo e o embaraço corriam pela minha pele, fazendo parecer que tinha um formigueiro no corpo. Naquele momento, uma mulher deu um tapinha no meu ombro e me envolveu em um abraço apertado.

— Sou daquelas que gostam de abraçar — disse ela. — Espero que não se importe.

Fui recebida como uma velha amiga. Como uma irmã.

Chegou minha vez de falar. Fiquei de pé em frente a cento e cinquenta mulheres e transmiti uma mensagem, e minha voz, de início, tremeu um pouquinho. Minha voz, no entanto, ficou normal e reuni confiança no recôndito do meu coração. Dessa vez foi diferente, mas muitíssimo diferente. Dessa vez, ao contrário da chamada via Skype, podia ver os olhos reais, e ouvir as risadas reais, e ver aquelas mulheres enxugando lágrimas reais. A mensagem estava se conectando com elas.

Durante minha fala, vi como as mulheres deixavam seus assentos — exatamente como as vira fazer três anos atrás durante aquela conversa via Skype. Mas agora podia ver por que elas se levantavam e saíam: estavam indo para o fundo da sala a fim de balançar o carrinho de seus bebês que estavam chorando.

Depois abracei dezenas de mães, ouvi sobre as lutas, compartilhei das alegrias e me apaixonei pelos bebês dessas mulheres. Pouco depois, duas mulheres se levantaram e disseram que precisavam conversar comigo. Elas tinham me ouvido falar durante aquela sessão no Skype.

Oh, oh, disse a mim mesma. *Prepare-se. Isso aqui não vai dar coisa boa.*

Depois, elas me contaram o que aconteceu no coração delas naquele dia. Como o que disse era exatamente o que precisavam ouvir. Como alguém sentado à sua escrivaninha, por fim, se torna uma seguidora de Cristo. Fiquei desconcertada.

Por favor, ouça-me — não estou tentando me tornar algum tipo de heroína do evangelho. Só estou contando essa história por causa do que aprendi: é sério, não temos de fato nenhuma dica. Não temos mesmo. Não temos nenhuma pista do que Deus está fazendo em lugares que não podemos ver. Não temos nenhuma pista do que acontece com muitas sementes que plantamos. Não temos nenhuma dica do que Deus pretende quando o deixamos controlar nossa lista de afazeres.

Não temos nenhuma pista, nenhuma dica.

Naquele dia, aprendi que nem sempre posso confiar nos meus olhos ou nos meus ouvidos. Em alguns dias não posso nem mesmo confiar no meu coração, mas sempre posso confiar em Deus.

Há momentos em que a obediência faz pouco sentido. Não entendemos o que Deus está fazendo nem como Ele opera — tampouco se Ele até mesmo está ali.

Basta ir. Entregar o controle a Deus é um convite sem pistas e sem dicas. Não tema: é aí que a história fica realmente fascinante.

"SENHOR, SE ESTIVESSES AQUI"

Sem pista e sem dica.

Os amigos de Lázaro devem ter se sentido assim quando Jesus não apareceu a tempo de curá-lo. Jesus tinha recebido a notícia de que Lázaro estava doente, mas estranhamente ficou onde estava por mais dois dias — tempo suficiente para Lázaro morrer.

Nesse meio tempo, muitos judeus vieram confortar Maria e Marta.

Quando Jesus finalmente apareceu, eles devem ter se perguntado por que Ele demorou para vir. Devem ter ficado totalmente sem pista. Marta foi até mesmo ao encontro de Jesus fora da casa. Você consegue sentir a angústia na voz de Maria, a outra irmã de Lázaro, quando ela diz: "Senhor, se estivesses aqui meu irmão não teria morrido" (João 11:32).

Vamos fazer uma pausa na história por um momento e pensar sobre as vezes em que Deus pareceu ausente de sua vida.

Com que frequência você se sente dessa maneira? "Senhor, se estivesses aqui _____ não teria morrido."

Como você vai preencher o espaço em branco? Minha reputação não teria morrido. Meu ente querido não teria morrido. Meus sonhos, minhas expectativas, o resultado esperado não teriam morrido.

Maria e Marta foram obedientes. Elas acolheram Jesus em sua casa, responderam ao chamado para ser servas e eram uma parte do ministério dele. Acho que é seguro dizer que passar tempo com Jesus era mais do que um item na lista dos afazeres.

Agora elas pediram *uma coisa*, pelo amor de Deus, e parecia que Jesus não comparecera.

"Senhor, se estivesses aqui _____ não teria morrido." Elas, como nós, não tinham realmente nenhuma pista.

Jesus apareceu quatro dias "depois". Ele pediu para a pedra ser removida do túmulo. Marta advertiu-o que o cheiro já estaria muito ruim.

Jesus respondeu: "Não lhe falei que, se você cresse, veria a glória de Deus?" (João 11:40).

A seguir, eles tiraram a pedra. Jesus gritou: "Lázaro, venha para fora!".

E Lázaro saiu com o rosto envolto em um pano. Vivo!

Quatro dias depois acabou sendo o momento certo.

A história é importante por muitos motivos, mas um motivo em particular se destaca. Lembra-se de todos os judeus que vieram consolar Maria e Marta? Eles ficaram parados ali, boquiabertos, quando Jesus levantou um homem da morte. Aquele momento foi um ponto de virada para muitos dos observadores. Eles viram o que Jesus fez, em seu tempo perfeito, e creram nele por causa disso.

Se Jesus tivesse aparecido segundo a agenda de Marta, Lázaro não teria morrido, mas como Jesus não veio "a tempo", Lázaro *morreu*. Isso queria dizer que Jesus podia realizar um milagre que resultaria na conversão de muitos judeus.

"Muitos dos judeus que tinham vindo visitar Maria, vendo o que Jesus fizera, creram nele" (João 11:45).

Ansiamos por ser obedientes a Deus, não é mesmo? Ansiamos por dar espaço a Ele para se mover de acordo com seu tempo. Tememos dar a Ele acesso a partes da nossa vida porque temos medo de que Ele não apareça.

Quando duvidamos, aqui está o que temos de lembrar: o plano de Deus é maior do que o nosso. Quando Jesus ressuscitar o Lázaro em nossa vida, talvez haja espectadores. Talvez eles vejam o que Jesus fez e também creiam nele.

Há pessoas reais, almas reais, à espera do outro lado da sua obediência.

ESPÍRITO SANTO, VENHA

O que Deus a chamou para fazer? Talvez você tenha de esperar dias, semanas ou até mesmo anos para ver o fruto da sua obediência. Conforme o tempo passa, você pode pensar que Deus é aquele que não comparece, mas quando Deus demora anos de acordo com o nosso calendário, Ele está no tempo certo de acordo com o calendário *dele*.

Para cada coisa que você faz, Deus está fazendo outras milhares de coisas nos bastidores. Seu trabalho é a única coisa que Ele colocou na sua lista. Simples assim. A única coisa. E o restante da lista? Por enquanto, você não tem qualquer pista ou dica a respeito disso.

Deus me deu uma doce dádiva naquele dia na Califórnia — uma chance de ver o rosto daquelas mulheres. Antes só via sombras indistintas e granuladas na tela de um computador. Aquela foi uma dádiva rara. A obediência nem sempre oferece essa gratificação. Ao contrário, a obediência exige uma perspectiva eterna porque talvez nunca vejamos os resultados aqui na Terra. Há ocasiões em que podemos ter de esperar todo o caminho para o céu para saber por que Deus nos chamou à obediência radical para coisas estranhas e maravilhosas.

Quando a frustração bater à porta, lembre-se disto: o trabalho mais importante que você faz pode sobreviver a você.

Em que área você precisa desse tipo de fé hoje — o tipo de fé que a fará esperar pacientemente pela tela grande do céu para assistir à cena final de uma história da qual você fez parte?

No que você precisa ser obediente hoje? Que palavras você diz que parecem cair em ouvidos surdos? Que esperança você ofereceu sem nenhuma evidência de fruto? Que orações fervorosas a mantiveram acordada à noite? O que sente como um fracasso? O que não consegue ver hoje? Você ouve apenas o silêncio? Seu Lázaro ainda está no túmulo?

Espere. Fique tranquila.

Convide o Espírito Santo: *Venha*.

Esse é um convite perigoso, não é mesmo? O Espírito Santo parece radical e... francamente, um pouquinho fora de controle. Mas é Ele que a tem incomodado ultimamente. É Ele quem a chama para uma vida de obediência radical. É Ele quem a protege quando você não tem qualquer pista.

Quando oro, geralmente dirijo minhas palavras a Deus ou a Jesus. Nessa jornada de entrega, comecei a orar para o Espírito Santo de maneira mais direta na esperança de que ficaria mais familiarizada com a pessoa da Trindade a quem com muita frequência ignoro. Há pouco tempo em uma manhã, clamei ao Espírito Santo para que fosse fogo, vento e poder na minha vida. Confessei como o ignoro muitas vezes. Confessei como sigo meu próprio caminho confiando no meu poder mais do que no dele. (É mesmo, também percebo como isso soa horrível.)

Quando orei ao Espírito Santo aquele dia, senti seu amor por mim. Senti seu conforto e a certeza de que Ele tem tudo sob controle. A bondade dele me comoveu tão completamente que postei a oração inteira no Facebook naquela manhã. Tinha bastante certeza de que não era a única que precisava orar aquelas palavras. Milhares de pessoas leram aquela oração nos dois dias seguintes e compartilharam suas orações em suas páginas no Facebook. Muitos me procuraram dizendo que também queriam mais do poder de Deus em sua vida. Elas queriam ser obedientes, mesmo que isso significasse não ter pistas nem dicas.

Ao encerrar este capítulo vamos orar juntas.

Querido Espírito Santo,

Nem sempre oro a ti. Talvez seja porque é mais difícil de entender. "Consegui" um Pai. Relaciono-me com Jesus. Mas, Espírito Santo, tu és vento errante e selvagem. És sopro. Vens e vais ao teu prazer e, às vezes, iluminas minha pele como uma chama. És presença e poder. Olho minha vida em retrospectiva e vejo uma evidência impressionante de tuas digitais; esses são sempre os momentos de fraqueza e de indecisão que me fazem exclamar "Uau!".

Tu estavas presente na criação, pairando sobre as águas, e não nos deixaste desde esse momento. Vens a nós pela água e pela Palavra, pelo pão e pelo vinho. Encontro-te no altar — e no chão. Encontro-te nas minhas alegrias mais profundas e te demoras nas bordas do meu coração quando a dor é demais.

És assustador porque me lembras que minha autossuficiência não vale nada quando estás por perto. Gostas de mim fraca, e não sei muito bem ser fraca. Gostas de mim necessitada, e não sei muito bem ser necessitada. Nunca me deixaste ser a heroína. Sou sempre a resgatada. És o ajudador, o conselheiro, a mão reconfortante nas minhas costas quando eu juraria que era a única ali na sala. Quando te negligencio, sou como uma vela sem chama.

Tu não trazes apenas o fogo. És o fogo. Faze-me pular quando quero correr. Faze-me correr livre quando quero ir embora.

Espírito Santo, não me deixes jamais dar outro passo nesta vida sem falar contigo primeiro — e me entregar totalmente a ti.

Espírito Santo, és bem-vindo aqui. Amém.[5]

Minha amiga, vamos acreditar nisto juntas: o Espírito Santo está trabalhando no silêncio.

Não temos de fato qualquer pista ou dica.

Nosso principal trabalho é administrar os resultados. É simplesmente aparecer. Tudo o mais depende de Deus. Não podemos sempre ver "tudo o mais", mas algum dia, creio, poderemos vê-lo.

Acabando com o "modo controle"

Obediência incondicional. O que Jesus está lhe dizendo para fazer que exige obediência sem garantia dos resultados desejados?

Peça a Deus para iluminar as áreas em que Ele quer expandir sua obediência. Avalie tudo: trabalho, maternidade, casamento, ministério

---

[5] Esta oração também foi incluída em um prólogo que escrevi para o livro de Suzanne Eller, *The Spirit-Led Heart* (Bloomington, MN: Bethany House, 2018) e está impresso aqui com minha permissão. Recomendo muitíssimo esse recurso para qualquer pessoa que esteja tentando passar de um coração guiado pelo eu para um coração guiado pelo Espírito.

e amizades. Depois, durante a semana seguinte, faça uma lista à medida que essas áreas forem sendo reveladas a você. Comprometa-se a abrir mão de seu próprio controle e a entregá-lo, em obediência, a Deus.

Seus atos de obediência não têm de ser grandes. Cada dia é uma oportunidade para testar sua obediência. A cada sim que diz, você edifica a confiança.

Você jamais saberá do que é capaz se não disser sim. Nem saberá do que Ele é capaz se não passar o comando para Ele. Essa é a parceria de obediência radical.

Foi por isso que um homem construiu uma arca. Foi por isso que um menino pegou um estilingue e jogou pedras no rosto de um gigante. Foi por isso que uma jovem abordou o rei na sala do trono em favor de seu povo. O que Deus está chamando você para fazer?

Entrega incondicional. Em que parte de sua vida você se pergunta o que Deus está fazendo? Em que ponto você se sente desanimada, cansada ou insegura, embora esteja fazendo o que sente que Deus lhe pediu para fazer? Que perguntas e resultados você precisa para se entregar ao Senhor? Enquanto considera suas respostas, convido-a a orar para que você se lembre de que os planos de Deus são maiores do que os seus.

Deus querido, ajuda-nos a saber que talvez não vejamos "resultados" em nosso tempo de vida mesmo quando somos obedientes. O que pode nos parecer fracasso pode parecer obediência para ti. Entregamos nossa agenda e nossa lista de afazeres a ti. Guia-nos em tudo que quer que façamos. Ajuda-nos a entender que parte do que nos chamas a fazer pode sobreviver a nós. Entregamos nossa vida a ti, Senhor. Amém.

9

Espaço

ESTÁ NA HORA DE "FAZER, DELEGAR OU DESCARTAR"

No último outono me inscrevi em um curso de decoração de casa. Isso foi algo incomum para mim porque vivo em um estado do que denomino "negação da decoração". Não tinha redecorado nem pintado de novo desde que mudamos para nossa casa nova em 2002. Como não queria saber o que estava perdendo, evitava em geral os blogues de decoração de casa, *Melhores Casas e Jardins*, Tour Desfile de Casas e outros semelhantes. Em suma, vivo em uma deliciosa ignorância de tudo que está fora de moda ao meu redor.

Para esclarecer, não estamos falando de carpete felpudo cor de laranja nem de banheiros cor-de-rosa aqui. Mas sabia que nossa sala de estar precisava de uma nova camada de tinta. Então me inscrevi para um curso on-line chamado *O minimalista acolhedor*, comandado por Myquillyn Smith.[1] Fiz o curso em parte porque adoro Myquillyn e em parte porque ela me garantiu que não teria de comprar um bando de coisas novas para renovar minha casa.

Nossa primeira tarefa: escolher uma área e, depois, "esvaziar a sala". Escolhi a sala de estar.

. . . .

[1] Certifique-se de examinar o livro de Myquillyn *Cozy Minimalist Home* (Grand Rapids, MI: Zondervan, outubro de 2018).

Você tem de tirar tudo do lugar, exceto o que é essencial. Myquillyn diz: "Um espaço vazio expõe a verdade". Ajuda você a se livrar do que faz sua sala parecer abarrotada, exagerada, barulhenta e confusa. Depois de um tempo, você volta as peças que realmente ama para a sala.

Levei quase meia hora para tirar o excesso da minha sala. Você me pergunta: "Por quê?". Porque tinha colecionado durante quatorze anos bugigangas e folhagens falsas suficientes para encher um corredor da Tok Stok. Nossa sala de estar estava inundada de coisas que eu amava. Tirei tudo da sala e empilhei tudo no nosso quarto de hóspede, onde meus amados pequenos enfeites esperariam até eu decidir o que poria de volta. A maioria dos itens na pilha estava em bom estado, e muitos deles tinham um significado importante. Às vezes, no entanto, você pode simplesmente ter excesso de algo bom.

Depois de esvaziar a sala, voltei e admirei o belo espaço amplo. Nossa sala de estar, em vez de parecer vazia, parecia calma, repousada, à vontade e leve.

Podia respirar.

AS SALAS ABARROTADAS EM SUA ALMA

Tirei algumas fotos para compartilhar com outras do grupo das Minimalistas Acolhedoras no Facebook. Foi quando senti um nó de emoção na garganta. A sala virou uma metáfora acidental para a tendência humana de levar uma vida cheia de coisas, bagunçada e barulhenta. "Um espaço vazio expõe a verdade." Não foi isso que Myquilllyn disse?

Frequentemente enchemos nossos dias com coisas boas, com coisas *relevantes*. Conseguimos em geral lidar com uma série de tarefas ao mesmo tempo — *até não conseguirmos*. Com bastante frequência alcançamos o ponto em que "não aguentamos mais". As salas interiores da nossa alma ficam como minha sala de estar.

De minha parte, encho a vida com muitas coisas, a maioria delas é boa. Contudo, da mesma forma que eu vivia em um estado de negação em relação à decoração, vivo em um estado de "negação em relação à obrigação". Acrescento mais coisas ao meu calendário porque compro a ideia de que:

- Sou capaz, portanto, devo fazer isso.
- É a coisa certa a fazer.
- Se não fizer isso, ninguém mais fará.
- Se outra pessoa fizesse, não seria feito da maneira adequada.

Qual é então a resposta? E por onde começamos?

A natureza exagerada da minha sala de estar só ficou óbvia para mim quando tirei todos os itens. A seguir, os designei a uma de três pilhas: manter, vender/dar ou jogar fora. Depois me fiz as seguintes perguntas:

1. O que eu amo?
2. O que é essencial?
3. Do que estou disposta a abrir mão?
4. O que é bom, mas não serve mais para essa sala?
5. O que precisa simplesmente ser descartado?

Na mesma hora consegui identificar o que amava mais: as fotos das nossas filhas, um relógio antigo da minha bisavó, um peixe de vidro que — embora fora de moda — é precioso para mim porque foi um presente de casamento de uma amiga especial. Além disso, acho o peixe bem engraçadinho.

Havia também itens que não amava, como meu sofá, mas o considerei essencial já que não estávamos em condição de comprar um sofá novo.

Depois de esvaziar a sala, perguntei a mim mesma: *Será que posso fazer a mesma coisa com a minha vida? Consigo esvaziar minha vida das muitas atividades?* Percebi na mesma hora que esse exercício podia ser transportado com facilidade para a vida. Precisava de uma vida calma, sem coisas para atravancá-la a fim de que a verdade sobre mim mesma fosse exposta. Até tirar tudo e colocar na minha frente, não saberia nunca o que manter e o que jogar fora.

Então fiz uma parada difícil em minha vida. Precisava esvaziar os espaços da minha alma, reavaliar tudo em minha lista e apenas dizer não durante um tempo. Do ponto de vista profissional, o momento era péssimo. Diminuir a marcha nesse negócio quando deveria acelerar podia equivaler a um suicídio profissional. Mas por um período disse não para endossar o livro de outras pessoas, disse não para novos compromissos de palestra e mais.

Permanecer de pé ao longo da costa tranquila da minha vida enquanto a maré subia é algo que me comoveu algumas vezes até às lágrimas. Senti-me da mesma forma enquanto fiquei ali de pé no limiar da minha sala vazia. Percebi como havia me tornado dependente da agitação e como a cultura usa a ocupação como medida de valor. Confrontei minha incapacidade de dizer não, minha constante disponibilidade para todos via texto, Facebook e Messenger, e o excesso geral da minha agenda.

Tive o sentimento de calma que já tinha esquecido. Minha alma foi acalmada da maneira apropriada e, pelo menos, podia ouvir Deus falando em minha vida.

As respostas para essas perguntas começaram a surgir:

Se faço tanto para os outros, por que me sinto tão distante *deles*?

Se sou tão ocupada, por que não sou mais produtiva?

Durante esse meu período de parada difícil, ficou claro que muitas vezes eu entrava em um estado exagerado de controle, quando tentava encaixar mais uma atividade em minha agenda já sobrecarregada. Meus motivos geralmente eram bons. Grande parte das minhas tarefas tinha por objetivo ajudar as pessoas que eu amava, mas, estranhamente, estava alienando-as. Na atmosfera enevoada dos negócios, não tinha mais tempo para me conectar de verdade em um patamar relevante.

ESPAÇO

É creditada a Maya Angelou a frase: "Aprendi que as pessoas esquecem o que você disse, as pessoas esquecem o que você fez, mas as pessoas jamais esquecem como você as faz se sentirem". Preocupava-me em saber como fazia as pessoas se sentirem. Durante essa parada difícil, descobri esta verdade essencial: você não pode controlar e se conectar ao mesmo tempo.

Portanto, antes de colocar qualquer coisa de volta na minha agenda e na minha vida, eu precisava fazer a mim mesma aquelas cinco perguntas que fiz a respeito da minha sala de estar:

1. O que eu amo?
2. O que é essencial?
3. Do que estou disposta a abrir mão?
4. O que é bom, mas não é mais certo?
5. O que precisa simplesmente ser descartado?

Somente quando respondemos a essas perguntas com intencionalidade; somente quando começamos a dizer sim para as coisas melhores e não para algumas coisas boas; somente quando paramos de ter de fazer tudo — apenas então seremos capazes de levar uma vida de quietude suficiente para ouvir a voz de Deus.

Minha amiga Suzanne me disse certa vez que reavalia sua vida dessa maneira a cada seis meses. Ela coloca tudo de sua lista diante de Deus em oração. Tudinho. "Aprendi que se convido Deus para participar do processo, Ele me mostrará o que precisa estar ali e o que não precisa."

Ela, depois de uma dessas avaliações, sentiu que Deus a guiava a tirar um ano sabático da equipe de palestras Provérbios 31. Ela escreveu sobre a decisão em seu blogue: "Durante algumas semanas atravessei em meu íntimo um período de pesar... Sinto falta de fazer essas palestras, mas meu papel para sempre é apenas amar e seguir a Jesus. *Em todas as estações*. Em tudo que fazemos. Se nos apegamos a algo apenas porque pensamos que é nosso para sempre, corremos o risco de

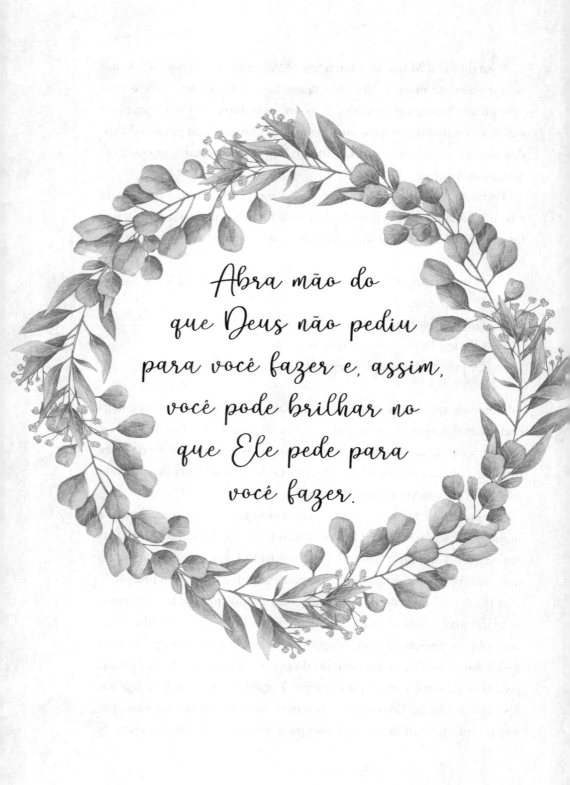

Abra mão do que Deus não pediu para você fazer e, assim, você pode brilhar no que Ele pede para você fazer.

nos apegar a algo que deveríamos abrir mão por muito mais tempo que o necessário.[2]

Talvez você também sinta necessidade de abrir mão de algo. Inicie "aquietando" sua vida.

FAZER. DELEGAR. DISPENSAR.

Imagine pegar sua vida toda e colocá-la diante de você. Tire um tempo agora para avaliar cada peça da sua vida, como fiz com a pilha de coisas na decoração da sala de estar.

Faça um balanço de tudo: suas responsabilidades familiares, suas tarefas em casa, seus compromissos de trabalho, sua agenda, seus estudos, seu programa de exercícios, suas noites de namoro, sua viagem, sua recreação.

Agora pegue cada peça e se pergunte sobre o que ama e o que é essencial. Seja honesta com você mesma: alguém pode ajudá-la com tudo isso? Algumas das coisas em sua vida precisam simplesmente ser dispensadas?

Conforme mencionei, cada item que compunha a decoração da minha sala de estar terminou em três pilhas: manter, vender/doar ou descartar. Mantive as melhores coisas, mandei um caminhão cheio de artigos de decoração em consignação para uma loja, doei alguns itens e joguei fora outros.

Você pode usar uma abordagem semelhante com a avaliação da sua vida. Enquanto examina cada peça da sua vida, coloque-a em uma das três pilhas rotuladas fazer, delegar ou dispensar.

Fazer: essas são as designações que você considera essenciais ou das quais simplesmente gosta.

. . . .
[2] Suzanne Eller, "#LiveFreeThursday: Why Is It So Hard to Say No?" *Living Free Together* (blogue), 24 de março de 2016, http://tsuzanneeller.com/2016/03/24/say-no/#more-11691.

Delegar: essas são as designações que você transfere para alguém. (Sei como isso é difícil, por isso, dediquei todo o capítulo 10 ao tópico de pedir ajuda.)

Dispensar: essas são as designações das quais abre mão sem culpa.

Uma coisa que aprendi enquanto passava por esse tipo de análise é que não posso delegar nem dispensar simplesmente porque odeio algo. Não amo particularmente meu sofá, mas tenho de mantê-lo por enquanto. Não gosto de rastrear despesas comerciais, mas faz parte do trabalho.

Também estou aprendendo que é muito mais fácil fazer escolhas se tenho um claro entendimento de meus valores e limites fundamentais. Por exemplo, é muito improvável que eu aceite participar de um evento de palestra se estiver em conflito com uma atividade escolar importante. Raramente trabalho depois das 16h30, apesar de meu escritório ser em casa. Se os compromissos entram em conflito com meus valores fundamentais digo não a eles. Lisa Whittle compartilhou recentemente uma postagem no Instagram que descreve com perfeição como me sinto a respeito da importância de estabelecer valores e limites fundamentais, especialmente os que se relacionam à família: "Meus sonhos tinham de ser os sonhos do Senhor para mim, para que, como nas tirinhas cômicas, não tivesse que sair perseguindo alguma coisa legal e maluca da qual meus filhos cresceram para se ressentir... Jesus nunca pedirá a nenhuma de nós para fazer coisas que ferem a estrutura de uma instituição ordenada por Ele".[3]

Na seção "Acabando com o 'modo controle'" deste capítulo, incluí uma ferramenta útil que a guiará no processo de "fazer, delegar ou dispensar".

Mas antes de chegarmos lá, vamos parar um pouco e reconhecer o que mais nos assusta nesse processo.

....

[3] Lisa Whittle (@lisawhittle), Instagram, 29 de setembro de 2017, https://www.instagram.com/p/BZo72F_n3jv/?takenby=lisawhittle.

ESPAÇO

QUANDO DISPENSA, VOCÊ DESAPONTA

Do que você tem de fato medo de fazer aqui? Pôr alguma coisa na pilha de dispensar, é disso que você tem medo.

A verdade desconfortável é esta: quando dizemos não, desapontamos as pessoas. Não tem como evitar isso.

A crença de que você desaponta alguém parece vergonhosa. Aumentamos a pilha porque nosso senso de obrigação nos convence a continuar esticando a corda por devermos isso aos outros. Não conseguimos imaginar um mundo em que não cumprimos e excedemos a expectativa de todos.

Ouça isto: Jesus também desapontou as pessoas. Ele não ficou por perto quando as pessoas queriam que Ele ficasse e curasse (veja Marcos 1:36-38). Ele desapontou os líderes religiosos quando jantou com pecadores (veja Marcos 2:16). Ele ofendeu as pessoas quando chegou tarde (veja João 11:21).

Você também vai desapontar as pessoas. Na hora, você vai conseguir abrir mão da vergonha e dizer um não sem culpa.

Aqui estão alguns passos em direção a dispensar o que precisa abrir mão sem sentir culpa:

1. **Saiba quem você é.** É tentador ligar nosso valor à nossa capacidade de fazer as coisas. Mas as mulheres com um senso claro de propósito e de identidade em Cristo são capazes de dizer não sem que isso determine algo sobre seu valor. Reserve tempo todos os dias para afirmar sua identidade mais confiante — aquela que tem em Jesus.

2. **Conheça suas prioridades.** Quanto mais claras suas prioridades estiverem, é mais fácil tomar decisões. Filtre cada pedido de seu tempo pelo prisma de seus limites, valores e chamado fundamentais. Se não passar no teste dos limites fundamentais, é um baita sinal de que você deve dispensar o pedido.

3. **Seja resoluta.** Com certeza, é delicado apresentar uma explicação para sua recusa, mas não se sinta obrigada a dar uma

justificativa longa, mesmo que saiba que sua negativa vai desapontar aquele que pede. Como Jesus disse: "Seja o seu 'sim', 'sim', e o seu 'não', 'não'" (Mateus 5:37).

4. **Mantenha a perspectiva.** Lembre-se de que um sim para mais uma coisa representa um não para outra coisa.

5. **Lembre-se de que seu não é o sim de outra pessoa.** Seu não pode abrir a porta para outra alma aprender, liderar e servir.

6. **Ouça o grande sim de Deus a seu respeito.** Há sabedoria em saber quando se afastar, e você vai precisar de coragem para seguir em frente. Saiba que quando precisar dizer não, Deus ainda está aí do seu lado derramando todo tipo de sim em você! Ouça estas palavras de Paulo: "Seja o que for que Deus prometeu, tem a marca do 'sim' de Jesus. [...] Deus nos afirma, certificando-nos em Cristo, pondo seu 'sim' dentro de nós" (2Coríntios 1:20-22, A Mensagem).

Um modo de reunir coragem para dizer não é praticar com estranhos, com pessoas que você não conhece muito bem. A jornalista Kristin Wong dá uma ideia:

> Pratique ser mais agressiva quando as apostas forem baixas. Por exemplo, quando uma vendedora pede que você faça um cartão de crédito que não quer, tente dizer: "Não uso cartão de crédito de loja", em vez de dizer um passivo: "Hoje não, mas obrigada", o que implica que sua decisão está aberta para debate.
>
> É muito mais fácil ser assertiva com alguém estranho vendendo algo para você do que quando, digamos, uma colega de trabalho pede uma carona até o aeroporto. Fique confortável com sua assertividade quando for fácil para estar mais preparada quando houver mais pressão.[4]

....

[4] Kristin Wong, "Why You Should Learn to Say 'No' More Often", *New York Times*, 8 de maio de 2017, https://www.nytimes.com/2017/05/08/smarter-living/why-youshould-learn-to-say-no-more-often.html?_r=0.

Você se liberta ao estabelecer regras básicas para si mesma, sabendo o que simplesmente não fará. Esse processo começa ao se livrar do excesso de compromissos hoje.

Não se preocupe. Você ainda vai dizer sim para um monte de oportunidades maravilhosas designadas por Deus especificamente para você. E Deus, sem dúvida, vai lhe pedir para fazer coisas difíceis e assumir compromissos que parecem desafiadores, nas Ele não a sobrecarregará a ponto de lhe causar um colapso.

Você tem o controle da sua agenda. Não deixe sua agenda controlar você. Está na hora de imaginar o que não é importante para que possa focar no que *é* importante.

Acabando com o "modo controle"

Vamos esvaziar a sala da nossa alma. Quando esvaziei minha sala de estar, coloquei as coisas essenciais de volta na sala, mas apenas depois de analisar cada peça de decoração. Está na hora de avaliar nossa vida com esse mesmo grau de detalhe. Aqui está um exercício que vai ajudar você a decidir se "faz, delega ou dispensa".

Primeiro, faça uma lista de limites fundamentais. Seus limites fundamentais são os valores que quer estabelecer para sua vida e as linhas que se recusa a atravessar. Para começar, considere as seguintes ideias e, depois, elabore declarações de valor que funcionem para você:

- "Não assumirei um trabalho que exija que me afaste da minha igreja aos domingos."
- "Todas as noites de quarta-feira e de sexta-feira são reservadas para a família."
- "Separarei, não importa o que aconteça, os primeiros dez minutos de cada dia para as devocionais."

A seguir, faça uma lista de tudo sob sua responsabilidade agora mesmo — cada tarefa, cada responsabilidade, cada pedido em seu e-mail.

Agora, use o diagrama na página 246 para ajudá-la a determinar se fará, delegará ou dispensará. Certifique-se de manter sua lista de limites fundamentais por perto para não violar as linhas que sabiamente traçou para si mesma.

Use esse quadro com regularidade para a ajudar a assumir as melhores missões de Deus para sua vida — mesmo quando for decidir sobre pequenas coisas. Dizer muitos pequenos nãos agora pode levar a sins maiores e melhores mais tarde. Trabalhe para ser uma mulher que abre mão do que Deus não lhe pediu para fazer para que possa brilhar no que Ele *tem* para você fazer.

10

Ajuda

As três melhores palavras que pode dizer
para afrouxar seu controle

Eu achava que sabia muito de mídia social. Então três estudantes da Universidade de Stanford apresentaram ao mundo algo chamado Snapchat.

Nada me fez me sentir tão antiga quanto o Snapchat. Fico aflita quando abro o aplicativo no celular, tenho medo de enviar por acidente uma *selfie* embaraçosa para as pessoas enquanto estou vestida com roupas inapropriadas. Os filtros e recursos desse aplicativo me deixam confusa.

O Snapchat, para uma não iniciada no aplicativo, permite que as amigas enviem fotos e vídeos — chamados Snaps, ou melhor, instantâneos — umas para as outras. Mas as fotos enviadas pelo Snapchat, ao contrário da foto enviada por meio de mensagem de texto, se autodestroem depois que são vistas. A coisa toda não faz nenhum sentido para mim, mas como tenho filhas adolescentes nas quais gosto de ficar de olho, descobri-me aprendendo a lidar com o Snapchat. E mais, a comunicação de maneiras divertidas é uma das coisas que mais gosto na criação de minhas filhas adolescentes. (Minha outra coisa favorita é não ter mais de comer no McDonald's.)

Não faz muito tempo, Lydia, nossa filha mais velha, foi para um retiro espiritual de adolescentes. Não era permitido o uso de celular durante o fim de semana, uma atitude sensata que, felizmente, manteria os olhos das meninas fixos em Jesus, em vez de em telas. Lydia estava perfeitamente de acordo com a regra. Até ela se lembrar do Snapchat. Daí, ela ficou um tanto angustiada porque enquanto estivesse fora quebraria suas sequências do Snapchat com algumas de suas melhores amigas. (A sequência acontece quando você troca instantâneos com alguém durante dias consecutivos. Se você perde um dia, a sequência é interrompida, e o mundo como o conhecemos termina em um fogo apocalíptico.)

Vou lhe contar algo que você precisa saber a respeito de Lydia. (Fica tranquila, ela me deu permissão de contar a você.) Ela é muitíssimo autoconfiante, às vezes até demais. Lydia raramente pede ajuda porque quer fazer as coisas do seu jeito, o que quer dizer "do jeito certo". (O fruto não caiu longe da árvore.)

Agora, imagine a reação dela quando me voluntariei para cuidar da conta dela no Snapchat, enviando mensagens para suas amigas e mantendo aquelas "sequências" vivas com conteúdo relevante. E mais, disse a ela que isso me daria a oportunidade de me familiarizar com esse aplicativo conveniente de comunicação.

Imagine o pânico da minha filha mais velha. Ela ficou pálida e me olhou com ar de assombro; mas ela não tinha escolha. Resignada, ela entregou a custódia do seu celular para mim.

Levei-a para o retiro. Quando voltei para casa, comecei a trabalhar. Levei aproximadamente um segundo e meio para perceber que estava perdendo a cabeça. Não tenho certeza de qual botão apertei, mas de repente minha expressão confusa apareceu congelada na tela. Entrei em pânico, descobri o abençoado sinalzinho "X" no canto e consegui deletar a imagem e recuperar minha pouca confiança. Depois inclinei a cabeça e considerei rapidamente fazer uma daquelas expressões de cara de pato, mas pensei melhor. E em vez disso, enviei uma foto de uma mãe segura e confiante e disse às amigas dela que estaria lidando com as coisas ali durante um tempo. (Não queria tentar ser legal demais, mas também não queria parecer completamente sem noção. Esse é um equilíbrio delicado, pessoal.)

Senti-me encorajada em minha missão quando uma das amigas de Lydia declarou no Twitter no dia seguinte: "A mãe da Lydia Lee está mantendo o Snapstreaks dela vivo enquanto ela está em um retiro, e, honestamente, essa é a melhor coisa de todas".

Bem, *aquela* me pareceu uma vitória no Snapchat.

E, assim, entrei nas rodadas 2, 3, 4 e 5 com confiança renovada. Enviei mais *selfies*, fotos de cenários ao ar livre e — é claro — um pouco do amor da mamãe Lee ao longo do caminho.

A boa nova: nenhuma das sequências foi interrompida.

Agora que a missão Snapchat está concluída, tenho tempo para refletir nas lições que aprendi, as quais ofereço aqui em ordem decrescente:

4. Nunca leve o iPhone para o banheiro com o aplicativo Snapchat aberto.

3. O Snapchat pode fazer sair arco-íris de sua boca ou cachorros brotarem de sua cabeça. (O aplicativo também tem um mecanismo de mudança de voz que pode fazer você soar como um camarada de dar arrepios que oferece doce para crianças no parquinho.)

2. Com um pouco de prática, você nunca é velha demais para aprender algo novo.

E, por fim, a lição mais importante que aprendi na minha missão de salvar a sequência do Snapchat — e o motivo pelo qual contei essa história hoje:

1. Pode ser muito difícil deixar alguém ajudar você, até mesmo quando de fato você precisa de ajuda.

AS PALAVRAS MAIS DIFÍCEIS DE DIZER

"Preciso de ajuda."

Essas eram as últimas palavras que Lydia queria dizer para mim. E se eu atrapalhasse tudo? E se a envergonhasse na mídia social?

O que maníacas por controle dizem para se sentir melhor

- "Não teria de ser tão controladora se as outras pessoas parassem de bagunçar tudo."
- "Quando as coisas andam exatamente da maneira como quero que andem, sou totalmente flexível."
- "Não sou mandona; apenas sei a maneira certa de fazer isso."
- "Fico tão agradecida quando as pessoas oferecem ajuda. E sempre me dou alguns momentos para fingir que considero a oferta em oração."
- E nas palavras de Adrian Plass: "Poderia ser de fato um bom cristão se os outros não estragassem as coisas o tempo todo."

Algumas de nós, como Lydia, sabem como é difícil pedir ajuda. Todas as pessoas, uma vez ou outra, precisam de ajuda dos outros. Mas muitas vezes só pedimos ajuda quando não temos absolutamente nenhuma escolha.

Se essa não for uma descrição exata de você, então está livre para pular o resto deste capítulo; mas se os parágrafos seguintes acertarem o alvo, então fique comigo.

Pessoas autoconfiantes e que estão "no controle" geralmente não são boas em pedir coisas. As palavras "preciso de ajuda" podem ser as mais difíceis de dizer. Por exemplo, posso de fato precisar que alguém pegue minha filha na escola todos os dias durante a próxima semana, mas acabo me sentindo como se estivesse pedindo para a pessoa me dar um rim.

Por que não pedimos ajuda nem mesmo quando precisamos dela? Como quase tudo a nosso respeito, é complicado. Aqui estão alguns motivos pelos quais evitamos pedir ajuda.

1. Antes de tudo, somos a ajudadora, e não a ajudada. Uma mudança nessa relação nos deixa com um sentimento de desconforto e, sejamos honestas, de impotência. É estranho, mas quanto mais precisamos de ajuda, mais difícil é pedir porque a mudança de poder percebida fica ainda maior.

2. **Colaboração soa como mais problema do que vale a pena enfrentar.** É isso mesmo, talvez precisemos de ajuda, mas sentimos que conseguimos fazer melhor e mais rápido se fizermos sozinhas. A maioria de nós ainda tem pesadelos com liderar projetos na escola e ter de acabar fazendo, nós mesmas, a maior parte do trabalho.

3. **Temos medo de ouvir um não.** Afinal depois de termos finalmente coragem de pedir ajuda, não temos certeza se conseguiríamos enfrentar esse tipo de rejeição.

4. **Nunca gostamos de nos sentir necessitadas, fracas ou incompetentes.**

5. **Pedir ajuda é uma forma de entregar o controle.**

Se tudo isso estiver bem perto de como você se sente, respire fundo. Estou de mão levantada e também não muito animada em admitir isso. Sou a mulher que deslocou o tornozelo vários anos atrás e quando não podia andar até a garagem, minha vizinha me trouxe uma cadeira de rodas. Recusei-me a sentar naquela cadeira. Por quê? Por causa daquela palavrinha feia de sete letras: *orgulho*. Se algum desses pontos acima a descreve, seja compassiva com você mesma. Talvez você fique aliviada por saber que você é, de fato, normal. As pessoas têm a inclinação de querer fazer isso sozinhas. Entrar pela porta de qualquer livraria e ir direto à seção de autoajuda para obter a prova.

A cantora Amanda Palmer, em seu recente livro *The Art of Asking* [*A arte de pedir* (Intrínseca, 2015)], escreve: "A cultura norte-americana em particular nos instila a noção bizarra de que pedir ajuda equivale a uma admissão de fracasso. Mas algumas das pessoas mais poderosas, bem-sucedidas e admiradas no mundo parecem, a meu ver, ter algo em comum: pedem constante, criativa, compassiva e graciosamente".

Ela ainda acrescenta: "Amamos o mito moderno de Steve Jobs trabalhando de sol a sol na garagem de seus pais para criar o primeiro

TUDO SOB CONTROLE

computador Apple, mas o filme biográfico não aborda a cena potencialmente estranha em que Steve — provavelmente em um jantar servindo bolo de carne macrobiótico — teve *de pedir a garagem dos pais*. Tudo que sabemos é que os pais concordaram. E agora temos iPhones".[1]

Sinto que muitas de minhas amigas lutam com o problema de pedir ajuda. A insistência delas todas as manhãs de domingo de que "está tudo bem, muito bem" é minha primeira pista de alguma dificuldade. Nem tudo está "muito bem" o tempo todo. A maioria de nós precisa de ajuda.

Recentemente, testei a teoria no meu blogue ao perguntar: "Você tem dificuldade em pedir ajuda? Caso tenha, por quê?". Recebi um dilúvio de respostas. Afinal de contas, as pessoas não estavam bem. Elas precisavam de ajuda, mas tinham escrúpulos em pedi-la.

Dezenas de pessoas compartilharam sua história — pessoas como minha amiga e companheira de blogue Lisa Appelo. Em 2011, o marido dela morreu de um infarto aos quarenta e sete anos. Lisa e o marido tinham sete filhos com idade entre quatro e dezenove anos quando ele faleceu. Ela, claramente, precisava de ajuda. Mas não sabia como pedir. Uma amiga sugeriu que ela mantivesse uma lista do que os outros podiam fazer para ajudar, mas ela estava insegura sobre em que ponto começar. "Sentia que a maioria das coisas eram pequenas demais, e eles pensariam: *Eles deviam ser capazes de lidar com isso*, porque tinha filhos meninos adolescentes na época. Ou olhariam para a lista e pensariam: *Ela está pedindo muita coisa para a gente*."

Pedir ajuda exige uma vulnerabilidade despojada. Quando pedimos ajuda, estamos mais perto de uma intimidade que pode parecer um pouquinho perigosa. As pessoas que vêm em nosso auxílio de repente enxergam um lado nosso que poucos conseguem ver — o rosto molhado de lágrimas, o chão da cozinha salpicado de batata frita, a bata do hospital

. . . .
[1] Amanda Palmer, *The Art of Asking* (New York: Grand Central Publishing, 2015), p. 13-14, grifos no original. Embora tenha desfrutado e concordado com partes desse livro, não endosso todas as percepções da sra. Palmer nem seu uso de linguagem ofensiva.

aberta nas costas, nossa incapacidade de realizar até mesmo pequenas tarefas sob estresse.

É bastante estranho pedir para um estranho vinte e cinco centavos para pagar o parquímetro. Como posso pedir a alguém para me ajudar com meus filhos quando parece que todas as outras mães não têm dificuldade em acompanhar as listas de ortografia e os lanches saudáveis? Como posso pedir ajuda a alguém em um projeto de trabalho quando foi minha culpa ter aceitado o projeto? E que tipo de vergonha passarei quando admitir para o chefe que simplesmente não posso fazer dessa vez?

Ouça, minha amiga, você precisa de ajuda. Tudo bem. De fato *você precisa de ajuda*. Você consegue dizer isso? Consegue pedir ajuda?

Você tem cantos em sua vida dos quais não deixa as pessoas se aproximarem porque tem medo de que elas baguncem tudo? Fica amedrontada em pedir ajuda porque vai ser "descoberta"? Pedir ajuda a faz se sentir fraca e impotente? Você evita pedir ajuda até não ter mais nenhuma escolha?

Quando pede ajuda — das pessoas e de Deus — você não é fraca. A verdade é que você está agora forte o suficiente para admitir que não pode enfrentar seus problemas sozinha. Pense bem, nem uma única alma na Terra é sempre tão forte que não precise da ajuda de alguém. Você é uma mulher sábia e esperta o bastante para saber que precisa de algum alívio. Você sabe que precisa de ajuda há algum tempo, não é mesmo? Precisa apenas ter coragem suficiente para pedir essa ajuda.

COMO PEDIR AJUDA MUDOU MINHA VIDA

"Preciso de ajuda." Finalmente eu disse essas palavras algumas semanas depois do nascimento da nossa segunda filha.

A lembrança é confusa porque estava dormindo pouco demais e minha mente não estava equilibrada. Os parafusos estavam soltos, e o meu mundo não fazia sentido, por isso, agora só tenho uma lembrança nebulosa daquela época. Eu não sabia ainda, mas estava deprimida. Precisava de ajuda, mas não queria pedir ajuda. Sempre fui aquela que ajudava os outros, nunca a ajudada. Mas minha necessidade urgente de um bom estado mental superou meu grande desejo de autossuficiência. A depressão pós-parto estava sugando minha vida. Sentia escuridão em meu interior, sentia-me uma pessoa-fantasma, sombria, vazia e frágil. E as inúmeras tentativas para valer para continuar sem ajuda externa não me tiraram daquele estado. Meu marido disse que eu precisava falar com alguém — uma amiga ou uma irmã. Ele me aconchegou em um abraço apertado e disse que não era vergonha pedir ajuda. Mas sempre que eu pegava o telefone para ligar, sentia um peso na minha mão. Como podia pedir ajuda a alguém? E do que eu realmente precisava?

Um dia, liguei para minha irmã Juliann. Quando ela atendeu, cai em lágrimas e disse três palavras: "Preciso de ajuda". Não dei a ela uma lista ou quaisquer ideias de como consertar o que estava quebrado. Só disse aquelas três palavras e chorei no telefone. Ela largou tudo e dirigiu seis horas em direção ao norte. Chorei de novo quando ela passou pela porta da frente. Chamei-a de meu anjo durante dias. Não conseguia esquecer o fato de que ela havia deixado seus próprios filhos. Um sentimento de gratidão pesava em meu interior. Como poderia retribuir isso?

Enquanto Juliann ficou aqui em casa, ela e meu marido me levaram ao médico. Disse ao médico a mesma coisa que disse para minha irmã: "Preciso de ajuda". Ele me deu uma receita de um antidepressivo.

Ainda tinha de ir a mais um lugar. Ainda desassossegada em meu espírito, fui ao meu quarto de vestir uma tarde, cai de joelhos ao lado do cesto de roupa suja e chorei diante de Deus. Estava muito frágil em minha fé naquela época e não estava muito convencida de que Deus prestava atenção em mim. Mas naquele dia fiz uma oração que mudou minha vida: "Deus, se estiver aí, preciso de ajuda".

Anne Lamott diz que a ajuda "é a primeira grande oração".[2] Acredito nisso do fundo do meu coração. Essa oração me salvou. Minha irmã

---

[2] Anne Lamott, *Help, Thanks, Wow: The Three Essential Prayers* (New York: Penguin, 2012), p. 15.

me disse que quando saí do quarto naquela tarde parecia uma nova mulher. Aquele foi um momento marcante para mim, um momento em que encontrei a Rocha no fundo do meu poço. E tudo isso começou porque ousei dizer aquelas belas e assustadoras palavras "Preciso de ajuda".

Olhando em retrospectiva, consigo ver por que recuei de pedir ajuda quando mais precisei. A disposição para revelar a si mesma aciona um medo fundamental no interior das pessoas. Se deixamos os observadores se aproximarem demais do nosso eu mais verdadeiro, eles estarão na primeira fila para ver nossos destroços interiores. Será que essas pessoas, confrontadas com nosso eu falho, não nos abandonarão sem nenhum aviso prévio, embaraçadas por ver quem nos tornamos? E tem mais, se nos aproximarmos tanto assim de Deus, reconhecendo nossa necessidade dele, terminamos amargas em relação a Ele se nos desapontar? E se não conseguirmos tolerar as vezes em que Ele arruína nossos planos falhos e os substitui pelos seus?

Pedir ajuda requer uma intimidade de coração aberto com Deus, aquele que primeiro vê sua necessidade. Ele está à espera de que você peça ajuda. Está à espera de que você pegue todos os pedaços despedaçados da sua vida, leve-os para Ele e diga: "Veja isso, o Senhor pode me ajudar com isso?".

A grande promessa de Deus a respeito da nossa vida é esta: "Está tudo sob controle". Enviar discípulos modernos é uma das maneiras de Deus provar que sua promessa é verdadeira. Outros seres humanos, falhos como são, são com frequência o meio pelo qual Deus vem em nosso auxílio.

Não sei onde você está hoje, minha amiga. Você precisa de ajuda? Suspeito que precisa. Talvez você esteja com medo de pedir ajuda. Talvez esteja preocupada que as palavras a façam parecer fraca. Talvez não queira ser um fardo para alguém.

Ouse dizer as palavras: "Preciso de ajuda".

Essas são as palavras que salvam casamentos, enviam pessoas com hábitos prejudiciais para tratamento, conduzem os adolescentes pela porta do conselheiro e são catalisadores para milhares e milhares de orações de todos os tamanhos. Essas palavras salvam vidas e trazem pessoas para Jesus todos os dias. Caramba, talvez sua luta seja com os afazeres diários, e você precisa de alguém para lavar sua roupa esta semana. Peça ajuda.

Você não é um fardo. Você é uma pessoa.

Quando diz "Preciso de ajuda", você não está dizendo palavras impotentes e fracas. Talvez essas sejam as palavras mais fortes, mais bravas que já disse. Você simplesmente não pode fazer tudo. Jamais deve esperar que os outros façam o que você exige de si mesma. Quando desloquei o tornozelo, você estaria ali em um piscar de olhos com uma cadeira de rodas. Deixe os outros fazerem a mesma coisa por você.

No que diz respeito a pedir ajuda podemos aprender com a autora Lynn Morrissey, cuja querida interior evitou ajuda. Mas não mais. "Quando não pedi ajuda anos atrás, foi por causa de um caso sério de perfeccionismo, achando que se as coisas tinham de ser feitas do jeito certo, então eu mesma tinha de fazer", disse-me Lynn. "Mas a verdade é que meu trabalho era grande demais para ser feito sozinha." Quando tentou "fazer tudo", ela se saiu mal em áreas em que precisava da experiência dos outros. "Agora amo pedir ajuda", disse Lynn, "percebendo bem demais meus pontos fracos e também amando ver os outros trabalharem em seus dons".

A lição de Lynn: ao pedir ajuda, você pode estar preparando alguém para brilhar.

Sei o que você está pensando porque já estive aí nesse lugar e, sim, todas as declarações seguintes são verdadeiras: quando as pessoas a ajudam, talvez não façam do jeito que você queria. Talvez não façam tão bem quanto você faria. Talvez vejam seu traseiro esquelético através da abertura da roupa de hospital. Talvez você tenha de lutar com esse sentimento desconfortável de estar em dívida com alguém. Talvez seus "ajudadores" baguncem um pouquinho as coisas, significando que seu projeto de grupo tirou um B menos, em vez de um A — mas você ainda consegue o diploma, então tente deixar passar essa, certo? E se alguma mãe carinhosa cuidar dos seus filhos por um dia, talvez ela leve seus filhos para fazer algo maluco que vá contra todas as regras, como dar sorvete para eles no café da manhã.

Minha amiga, isso também passará. Até lá, peça ajuda.

Deixe Randy e Holli lhe dizerem como isso funciona.

Randy, meu ex-editor de notícias, ficou cara a cara com um câncer durante alguns anos. "Odeio pedir ajuda. Precisava de ajuda com algumas coisas, como corridas ocasionais de sessenta quilômetros para o tratamento diário de radiação. A maior lição que aprendi com o câncer é que as pessoas querem de fato ser úteis. E ao abrir a porta, as pessoas fizeram muito mais do que pedi."

Minha amiga Holli, também uma sobrevivente do câncer, disse-me isto: "Muitas pessoas dizem: 'Ai, você não tem de fazer algo tão drástico como ter câncer para me pedir um favor'". Holli, uma mulher solteira, disse que tinha orgulho de si mesma por conseguir fazer tanta coisa sem ter um parceiro. "Mas acabei por perceber que é muito menos solitário perguntar às pessoas quem quer ajudá-la. No fim, aprendi que pedir ajuda não revelava uma fraqueza; antes, era uma oportunidade de ficar mais próxima de um ente querido."

Pedir ajuda também dá a alguém a oportunidade de fazer o que quer de fato fazer — que é coincidentemente algo que você também quer fazer: mudar o mundo com o amor. Ajudar as pessoas é mais do que fazer algo legal. É uma ordem bíblica: "Levem os fardos pesados uns dos outros e, assim, cumpram a lei de Cristo" (Gálatas 6:2). Você não quer ser acusada de impedir outra pessoa de cumprir a lei de Cristo, quer? Acho que não.

Lembra-se da minha amiga Lisa Appelo? Ela e sua família aos poucos aprenderam a pedir ajuda — e a receber ajuda. Alguns meses depois da morte do marido, seu filho mais velho ligou da faculdade. Os amigos se ofereceram para comprar seus livros da faculdade para o semestre; ele não sabia o que dizer. Lisa disse ao filho: "Ben, eles querem [ajudar] porque amam você... Quero que você pense nisso: você está indo para a faculdade de medicina. Você estará em um lugar em que um dia será o único a dar assistência médica em uma viagem missionária ou talvez em sua própria clínica. Você precisa entender... como é receber para aprender a doar-se bem".[3]

QUANDO OS AJUDADORES TRAZEM VOCÊ PARA OS PÉS DE JESUS

Uma das minhas histórias favoritas nos evangelhos é aquela sobre um homem paralítico que precisava da cura de Jesus, mas não havia como ele chegar perto de Jesus por conta própria. Felizmente, o homem tinha alguns bons amigos. Cada um desses amigos pegou uma das pontas da cama do homem e o carregou para a casa em que Jesus estava ensinando. Quando chegaram ali, descobriram que a multidão estava bloqueando a entrada da casa. Então veja só o que esses amigos fizeram. Eles carregaram o homem até o telhado e fizeram um buraco ali bem em cima da cabeça de Jesus.

Vamos parar um pouquinho aqui e agradecer a Deus por nos dar amigas inovadoras que não deixam nada as impedir de conseguir a ajuda de que precisamos — quer isso seja um sorvete de caramelo com cobertura, quer seja a adrenalina necessária para tirar uma minivan de cima da sua perna. Se eu fosse aquele homem na cama, definitivamente quereria que Jesus me curasse. Mas seria mandona demais para conseguir essa ajuda nos termos de outra pessoa que não nos meus. Teria sido completamente autoritária com minhas amigas dizendo-lhes em termos inequívocos que não podiam abrir um buraco na propriedade de alguém. Elas poderiam negociar com a multidão uma forma de me fazer passar pela porta da frente como uma pessoa cosmopolita.

---

[3] Lisa Appelo, "In Times of Need: Learning to Receive", *True & Faithful* (blogue), 21 de outubro de 2015, http://lisaappelo.com/learning-to-receive/.

Mas como dizem as famosas palavras da autora e professora de Harvard Laurel Thatcher Ulrich: "As mulheres bem-comportadas raramente fazem história". Minhas amigas não são mulheres bem-comportadas. Elas são rebeldes o bastante para me carregar para recantos aonde jamais iria por conta própria. A verdade sobre as amigas desse tipo é esta: elas nem sempre fazem o que você quer, mas com bastante frequência fazem o que é certo. Elas podem fazer um buraco no teto para que consigam abaixá-la até os pés de Jesus. Foi isso que os amigos do homem paralítico fizeram. Essa foi uma interrupção que não irritou nem um pouquinho Jesus. Ele ficou impressionado. "Vendo a fé que eles tinham, Jesus disse: 'Homem, os seus pecados estão perdoados'" (Lucas 5:20). E, a seguir, Jesus curou o homem, que pegou sua cama e saiu andando da casa.

Vamos voltar um pouquinho ao começo da história. Todos sabiam que esse homem precisava de cura, mas ele não conseguiria chegar ali a menos que seus amigos fizessem de fato um extenuante levantamento de peso. Ele provavelmente disse algo assim para os amigos: "Preciso de ajuda; me levem até Jesus".

Você nunca sabe que coisas malucas suas amigas farão quando pede ajuda a elas. Mas se você der uma chance às amigas, elas podem não só ajudar a consertar algo que está quebrado em sua vida; mas também podem levar você direto aos pés de Jesus — da maneira mais inovadora possível.

Seguir a Cristo sempre significou ajudar e servir os outros, mas também significa nos humilharmos o bastante para permitir que os outros sejam Cristo para nós, o que acontece no momento em que nos permitimos ser ajudadas.

A VULNERABILIDADE DE PEDIR

É necessário um tipo especial de bravura para pedir que os outros nos ajudem.

Ao longo dos últimos três anos, vi como esse tipo de bravura funciona. Meus pais, duas das pessoas mais bondosas que conheço, têm enfrentado uma série de problemas de saúde. No meio de uma batalha recente com a saúde, eles vieram para nossa casa a fim de se recuperar e ficaram aqui por cerca de uma semana em dezembro.

Os dois estavam em cadeira de rodas. Papai estava se recuperando de uma cirurgia na perna amputada. Ao mesmo tempo, mamãe estava sofrendo tanto com tanta dor nas costas que não conseguia andar. No meio de tudo isso, Anna ficou doente com a garganta inflamada. Brincamos que nossa casa estava parecendo um hospital.

Nossos dias eram cheios de compromissos, distribuição de remédio, orações, massagem nas costas, mãos dadas e risos com as brincadeiras de família, canções de Natal ao redor do piano e gargalhadas em momentos inesperados. De vez em quando, alguém saudável entre nós trazia um copo de água, outra xícara de café ou um livro a respeito do qual estávamos falando na noite anterior. Passamos muito tempo ao redor da mesa de jantar, vendo a neve cair lá fora pela janela da cozinha. Todo meu trabalho no ministério foi suspenso por um tempo. Jamais desejei que as coisas fossem de outro jeito e nunca me lamentarei pela oportunidade de servir meus pais, duas pessoas que devotaram a vida ao serviço para os outros.

Conforme as horas se transformaram em dias, papai me pediu para ajudá-lo com uma tarefa que não conseguia fazer sozinho. Tenho certeza de que foi difícil para ele pedir ajuda, mas não conseguia fazer aquela tarefa por conta própria, e mamãe também não estava em condições de ajudá-lo.

— Jennifer — disse ele —, odeio pedir a você para fazer isso, mas... você lava meu cabelo?

— Papai — respondi —, vou ficar feliz por poder fazer isso.

Puxamos sua cadeira de rodas até a pia do banheiro, e ele ficou de pé em sua perna boa para se firmar enquanto abaixava a cabeça na bacia.

— A temperatura da água está boa, papai? — perguntei jogando um pouco de água em seu pescoço.

— Um pouquinho mais quente seria ótimo — disse ele.

Depois de o cabelo estar molhado ele voltou a se sentar na cadeira de rodas, derramei xampu em minhas mãos e aí comecei a cobrir seu cabelo de espuma. No espelho, podia ver ele me observando.

Tive uma ideia.

— Que tal você usar o cabelo assim, papai? — puxei seu cabelo preto com xampu fazendo pequenos chifres em toda sua cabeça, como ele fazia com meu cabelo na banheira quando era pequena. Daí, depois dos chifrezinhos fiz no homem de setenta e nove anos um penteado punk de roqueiro com o cabelo puxado para o meio até ficar para cima como facas negras.

Nossos papéis foram momentaneamente invertidos, e dessa vez eu estava cuidando do papai. Papai riu ao se olhar no espelho. Foi uma risada alta e aguda, a versão de risada que parece uma declaração de rara liberdade. Foi o momento perfeito, o tipo perfeito de risada. Seus olhos brilhavam como os olhos de um menino na manhã de Natal quando descobre que a bicicleta vermelha embaixo da árvore de Natal é dele. Esse era o papai, totalmente vivo. Pude ver naquele momento como o papai alcançara um ponto pelo qual ainda almejo: abaixar o escudo de autoproteção e simplesmente estar totalmente vivo.

Lavei seus cabelos de novo e voltamos para a mesa da cozinha para mais café e conversa. Enquanto empurrava a cadeira de rodas até a mesa pensei em como papai tinha sido forte em todos os anos que o conheci — decisivo nos negócios, responsável por decisões corporativas importantes e pelo trabalho voluntário no exterior, com um ótimo arremesso no basquete e força para me carregar sobre os ombros dando a volta toda no quintal.

Mas só soube como ele era forte, como era forte de fato, no dia em que ele me pediu ajuda.

Acabando com o "modo controle"

Todas nós precisamos de ajuda, mas é difícil olhar alguém nos olhos e pedir ajuda. Esta semana vamos fazer um treino de pedir ajuda. A primeira atividade é para aquelas que precisam de ajuda, mas não querem ser um fardo para ninguém. A segunda atividade é para aquelas de vocês que precisam de ajuda, mas têm medo de entregar o controle para alguém que talvez não faça as coisas tão bem quanto você.

**PARA AQUELAS QUE PRECISAM DE AJUDA,
MAS NÃO QUEREM SER UM FARDO PARA NINGUÉM**

Em uma folha de papel, faça duas colunas e intitule-as "fardos" e "ajudantes".

Na coluna "fardos" escreva tudo — os principais e os coadjuvantes — que está pesado para você: cuidado de filhos, compromissos de trabalho, compras no supermercado, limpar o quintal, alimentar um filhote, fazer uma corrida, tomar uma grande decisão.

Na coluna "ajudantes" escreva o nome de alguém que acha que pode ajudar você arcando com um dos seus fardos. Inclua o nome de pessoas que já lhe ofereceram ajuda, mesmo que faça anos que elas se ofereceram. Inclua o nome de pessoas com quem possa trocar ajuda. Não esqueça de pessoas, como diaristas, que você pode contratar para realizar algumas tarefas para a ajudar a ter um alívio temporário.

Depois, nesta semana, pegue um fardo e contate um(a) ajudante para ver se ele ou ela pode ajudá-la. Depois de examinar suas finanças, também investigue se pode contratar alguém para ajudá-la com, por exemplo, algumas tarefas de casa. (Foi exatamente isso que fiz enquanto escrevia este livro.)

PARA AQUELAS DE VOCÊS QUE PRECISAM DE AJUDA, MAS TÊM MEDO DE ENTREGAR O CONTROLE

Pegue uma tarefa nesta semana que sabe que é simplesmente demais para lidar com ela sozinha. Esteja disposta a aceitar auxílio de outros como um teste. Quando fizer isso, imagine-se como uma mulher acamada, como aquele homem na história de Lucas 5. Você é incapaz de ir aonde precisa sem amigos que a carreguem. Agora, escreva em seu diário ou em uma folha de papel uma oração pedindo a Deus para ajudá-la a ser receptiva à colaboração. Abrace o fato de que seus amigos e amigas, como os amigos do homem de Lucas 5, podem usar meios diferentes e mais criativos para realizar as tarefas que precisam ser feitas. Peça a Deus para ajudá-la a receber bem os meios diferentes para fins similares. Peça que Ele a ajude a entender que "bom o bastante é bom o bastante", mesmo que não satisfaça seus padrões.

11

Espere

APRENDENDO A PARAR QUANDO QUISER FORÇAR
A MARCHA PARA SEGUIR EM FRENTE

Quando a vida começa a parecer fora de controle e frenética, aprendi que é sensato verificar a minha carga de trabalho. Mas ultimamente, antes de verificar como está minha carga de trabalho, verifico quão bem estou *esperando*.

Não sou naturalmente muito boa em esperar. Tendo a ser impulsiva e querer o que quero *agora* — os resultados desejados, os problemas resolvidos; todo mundo apenas se entendendo, se dando bem, pelo amor de Deus! Gosto de pôr a mão na massa para que os resultados desejados sejam alcançados, e todos fiquem felizes para todo o sempre, amém.

Isso é o que se pode chamar de "ir na frente de Deus".

Esses dias, estou aprendendo o que preciso esperar no Senhor. Quando quero forçar a marcha para seguir em frente, Deus me pede para fazer uma pausa. Ouço sua advertência bem abaixo de minha costela: *Não force a marcha. Faça uma pausa.*

Há milhares de pequenos acionadores que desencadeiam o impulso de forçar a marcha em frente, em vez de fazer uma pausa. É como se tivesse um botão vermelho dentro de mim, e quando a tensão aumenta, minha mania por controle aperta o botão: "Alerta! O mundo precisa de você".

Meu lado empreendedor deseja que esses momentos venham com minha capa de super-heroína e uma cabine telefônica onde possa mudar de roupa. Então poderia enviar o meu eu vestido com o *collant* de heroína para todos os lugares em que minhas mãos capazes fossem necessárias! Ainda outro dia, duas das minhas mais queridas amigas discordaram uma da outra, e a pacificadora em mim entrou no meio para intermediar uma solução. Senti, no entanto, uma incitação do Senhor: *Não force a marcha. Faça uma pausa.*

Estou aprendendo isto: o mundo não precisa que eu o salve; às vezes, ele precisa que eu me afaste, relaxe e espere enquanto Deus faz o trabalho que Ele é totalmente capaz de fazer.

Um motivo pelo qual não sou boa em esperar é por causa do meu instinto de ajudadora, mas evito esperar por outro motivo. Há sofrimento na espera. Às vezes, há momentos desconcertantes na vida que não temos outra escolha a não ser nos acalmar. Não gosto da dor do deserto, do desconhecido. Queria superar os momentos difíceis na minha vida — tristeza, decepções, solidão —, mas descobri que nesses momentos Deus quer que me aquiete na tensão da espera. Não tenho de correr das minhas dores, de ajudar ou de apressar minhas dores. Tenho apenas de ficar sentada aqui. Sentada quieta em um lugar deserto que me deixa inquieta. Esperar faz com que me sinta impotente e, às vezes, perdida. Deus está me ensinando algo muito importante sobre a espera com meus anseios não atendidos: enquanto esperamos, Deus está trabalhando.

A SALA DE ESPERA

Essa é a sala de espera. Seja bem-vinda. Você conhece esse lugar, não é mesmo? Estamos na sala de espera, e, por fim, temos de fazer esta escolha: podemos ou nos distanciar de Deus ou confiar nele enquanto esperamos.

Essa verdade ficou tão evidente para mim ao longo dos últimos três anos, um período em que passei muitas horas em salas de espera — as de verdade. À espera de uma amiga quando teve removido um caroço cancerígeno. À espera de nossa filha Anna quando passou por procedimentos por causa de um problema digestivo. À espera por meu pai quando teve de colocar um marca-passo e, depois, mais espera quando ele teve parte de sua perna direita amputada.

Acho que essas salas de espera em todos os lugares são muito parecidas. Um decorador de interiores fez o que podia para tornar o local convidativo. As cadeiras são estofadas em cores da moda. Plantas artificiais são arranjadas em vasos todos parecidos. Revistas são arrumadas na beira de mesas de cor pálida.

Agora seu ente querido está na mesa de cirurgia. Sua "reparadora" interior está paralisada. A menos que tenha um diploma de neurocirurgiã ou de anestesista, você claramente não é necessária. Você, ao contrário, está sentindo-se impotente por estar presa ali na cadeira da sala de espera. Se tiver sorte, um quadro digital identifica seu ente querido por um número e fornece relatos periódicos da condição dele. Você fica ali aguardando o paciente número 715803 passar de "na sala de cirurgia" para "cirurgia em progresso". Fica esperando atualizações de uma enfermeira que prometeu fornecer informações — mas nunca com a rapidez de que você gostaria. Você fica ali olhando para o quadro de notícias esperando o número 715803 estar "na sala de recuperação".

Você espera.

Minha família de origem tende a ser odiosamente barulhenta em salas de espera. O humor sempre é um mecanismo de enfrentamento para nós. Suponho que existam coisas piores do que rir nos momentos difíceis.

No último ano, duas semanas antes do Natal, minhas irmãs, meu irmão e minha mãe estavam de volta à sala de espera porque papai voltou a ser operado pela terceira vez em um ano. Foi um período muito difícil para nossa família, e um período do qual sairemos em breve, queira Deus. Naquele dia de dezembro, nossa família sentou-se formando um círculo e riu de maneira deselegante enquanto recontávamos histórias de Natais passados. Lembramos o ano em que nosso irmãozinho, John, e eu demos a papai um pente fino de Natal. (Na verdade já era o pente dele; encontramos o pente debaixo da pia do banheiro, esperávamos que tivesse esquecido que era dele e depois embrulhamos na folha de quadrinhos do jornal. Ele fingiu que aquilo era o que queria o tempo todo.) E a maneira como todos sabíamos que o Papai Noel que aparecia no centro comunitário com sacos de papel com balas e amendoim não era Papai Noel de verdade, nem mesmo um elfo do alto escalão. (Ele era o diretor de funeral da cidade.) E o ano que levamos a maior bronca do papai e da mamãe por rir durante o culto inteiro da noite de Natal. (Perdoe-nos, Senhor Jesus, por todas as vezes que fomos inconvenientes na igreja.)

Lembrar nossas histórias na sala de espera nos mantinha sãos. De vez em quando um de nós saía do círculo, com o rosto sério para verificar o quadro digital. Uma irmã sussurrou: "Ainda está em cirurgia". Fazíamos uma pausa e, depois, começávamos tudo de novo. Aqui na sala de espera tudo girava em torno de histórias, conexão, risadas. Dizia respeito à família.

Não havia seguir adiante, mas apenas pausa.

É estranho que esses momentos, em que estava a quilômetros de distância das respostas que queria, foram uma dádiva inesperada porque me fizeram considerar a prática de estar calma, quieta. Não fiz alvoroço nem voei para longe. Sentia-me como um pássaro em um fio com as asas fechadas esperando a esperança aparecer, subindo do horizonte.

A espera me compele a entender que não estou no comando do mundo, e que minhas noções de controle são de toda maneira uma ilusão. A espera pode parecer fraqueza, especialmente em uma cultura que valoriza muito a autossuficiência e o princípio de "fazer as coisas acontecerem". A espera é o oposto de autossuficiência, e me deixa exposta e desarmada, sem proteção.

Passei tanto tempo da minha vida usando armadura: a armadura da ambição; a armadura do bom desempenho; a armadura das máscaras.

a armadura do controle; a armadura de tentar sempre mais. Claro que esse tipo de armadura não me protege de fato como achei que protegeria. E, na realidade, pode ser pesada e desconfortável. Quando uso esse tipo de armadura, sou como Davi antes de lutar contra Golias. Davi colocou a armadura de Saul, mas percebeu que não conseguia nem mesmo se mover com ela (veja 1Samuel 17:39). Então Davi saiu sem armadura, carregando apenas cinco pedras lisas. No fim, tudo de que ele precisou foi uma pedra.

Não há armadura quando você está esperando, não importa o tamanho do seu Golias. Você simplesmente espera, despojada, vulnerável diante do seu gigante. Não pode consertar nada. Não está no comando agora — não que já tenha estado —, mas a armadura que você usa em um dia típico lhe dá um falso senso de segurança. Você finalmente percebe que não há como se levantar com suas próprias pernas. Essa atitude pode ser uma coisa muito bonita. Quando você faz uma pausa — em vez de forçar ir adiante — faz todas as coisas que mais importam: ora; lê a Bíblia; senta-se em silêncio — ou ri alto, se for mais seu estilo — com os amigos e com a família. Você pratica o permitir-se ficar quieta e calma.

Na quietude da sala de espera de um hospital, a verdade sobre a armadura de Deus é amplificada (veja Efésios 6:11). Em momentos em que a risada na nossa sala de espera diminui, volto-me para meu interior e sussurro para meu Salvador: "Como poderíamos passar por isso sem o Senhor, Jesus?". Tirar sua falsa armadura faz com que você examine sua vida com mais cuidado e descubra como é incrível pertencer a Jesus: *Onde, oh, onde estaríamos sem Jesus?*

Onde você está hoje, minha amiga? Onde, diga, oh, onde você está?

Talvez você também esteja em algum tipo de sala de espera. Talvez você preferisse agir, em vez de esperar. Quer tomar os assuntos em suas mãos, mas não tem nem um palpite de como fazer isso — ou nem se deve fazer isso. A demora de Deus parece uma negação, e você fica desencorajada.

177

Tantas pessoas que amo estão esperando. Uma amiga está esperando Deus mostrar a ela o que tem pela frente agora que os filhos estão todos no ensino fundamental. Outra amiga mandou seu último filho para a faculdade e sente a solidão do ninho vazio. Outra está consistentemente a um contracheque de perder a casa alugada, e a cada mês que passa ela permanece em estado de espera suspensa. Meu pai esteve esperando por três anos para andar de novo.

Pelo que você está esperando? A resposta para seu apuro financeiro? Um bebê por vir? Uma solução para um conflito relacional? O telefone tocar? A cura da ferida? Perder os últimos vinte quilos? Aquele momento quando finalmente é *sua* chance de celebrar?

Faça boas perguntas para as quais quase não há respostas imediatas: *Por que essa oportunidade está escapando entre meus dedos? Como vou seguir em frente agora que ele foi embora?*

Talvez hoje você *esteja* de fato lendo essas palavras em uma sala de espera em um hospital enquanto alguém que ama está na sala de cirurgia, e suas orações parecem se dissolver no ar antisséptico enquanto você clama em silêncio: *Deus, você está aqui?*

Deus, apesar de estar em silêncio, não abandona você. Ele está trabalhando enquanto você espera. Não confunda essa demora divina com uma negação definitiva.

O trabalho feito por Deus na sala de espera prova com frequência ser mais importante do que o resultado. Aqui Ele lhe dará clareza para o que quer que você faça quando a espera terminar. Aqui Ele se aproximará de você. Aqui você ficará em contato com seu ser essencial, aquele que não foi feito para usar todas as armaduras.

Essa é a maior dádiva da sala de espera. Venha, aproxime-se, pois quando menos esperar, você vai sentir a presença de Jesus de maneiras que nunca sentiu antes. Todo o barulho que a mantém se movimentando, e correndo, e girando se foi. Durante espera, ouça. Ouça o silêncio. É o tipo de silêncio que você ouve depois de uma grande tempestade, arrastando consigo todos os sons de chicotadas e trovões.

Esse, eu acho, é o som de quando Jesus se aproxima.

ESPERE

UMA ESPERA DE DOZE ANOS

Em meu recente período de espera, pensei muitas vezes em uma mulher que passou mais de uma década à espera de um milagre.

Você encontrou essa mulher nos evangelhos de Mateus, Marcos e Lucas; a mulher que sofreu de hemorragia por doze anos. Talvez a hemorragia fosse causada por alguma doença maligna ou desordem uterina; não sabemos com certeza. Mas sabemos que ela buscou repetidamente cuidado médico. Imagino a esperança tomando forma enquanto ela ia de um médico para outro em busca de cura só para sua esperança ser frustrada vez após vez.

A Bíblia não nos diz quais foram os tratamentos que ela recebeu, mas o livro de 1885, *Palestina no tempo de Cristo*, descreve as prováveis prescrições dadas a ela. Elas parecem estranhas pelos padrões de hoje. De acordo com o autor, os médicos da mulher eram na verdade rabis. Eles, de início, provavelmente a instruíam a beber uma mistura de goma da Alexandria, alume e açafrão, que eram triturados e misturados com vinho. Se essa mistura não funcionasse, os rabis pegariam cebolas persas, as ferveriam no vinho e daria essa bebida para a mulher tomar, dizendo: "Fique livre dessa doença". Se isso não funcionasse, eles a levariam a um lugar onde duas estradas se encontram, colocariam uma taça de vinho na mão dela e alguém vindo de repente por trás a assustaria dizendo "Fique livre dessa doença". Os remédios prescritos incluíam uma longa sucessão de outros atos arcaicos, incluindo cavar buracos, queimar galhos de videiras e outras coisas.[1]

A mulher com hemorragia gastou dinheiro nesses remédios com a esperança de que algo funcionasse. Mas não houve nenhuma cura. "Ela padecera muito sob o cuidado de vários médicos e gastara tudo o que tinha, mas, em vez de melhorar, piorava" (Marcos 5:26).

. . . .

[1] Edmond Stapfer, *Palestine in the Time of Christ* (New York: A. C. Armstrong and Son, 1885), p. 256–257.

Versículos da Bíblia que a ajudam a fazer uma pausa quando você quer seguir em frente

- Espere no Senhor. Seja forte! Coragem! Espere no Senhor (Salmos 27:14).
- Guia-me com a tua verdade e ensina-me, pois tu és Deus, meu Salvador, e a minha esperança está em ti o tempo todo (Salmos 25:5).
- Portanto, não julguem nada antes da hora devida; esperem até que o Senhor venha. Ele trará à luz o que está oculto nas trevas e manifestará as intenções dos corações (1Coríntios 4:5).
- Nossa esperança está no Senhor; ele é o nosso auxílio e a nossa proteção (Salmos 33:20).
- Mas, quanto a mim, ficarei atento ao Senhor, esperando em Deus, o meu Salvador, pois o meu Deus me ouvirá (Miqueias 7:7).
- Eu sou o Senhor; na hora certa farei que isso aconteça depressa (Isaías 60:22).
- Você não compreende agora o que estou lhe fazendo; mais tarde, porém, entenderá (João 13:7).

Pense no cansaço físico que ela devia sentir depois de doze anos de hemorragia constante. Pense nas maneiras em que ela foi banida por causa de sua doença. A sala de espera dela deve ter parecido uma prisão. De acordo com a lei do Antigo Testamento, aquela mulher era considerada cerimonialmente impura e tinha de ficar separada do mundo exterior.

Ela esperou em um deserto particular.

Os detalhes são diferentes, mas quase adivinho que algo em você pode se relacionar com o longo período de espera dessa mulher — a espera pelo tratamento que finalmente funcionasse, a espera pelo perdão que ainda não viera, a espera de que as coisas mudassem. A espera pode ser desencorajadora, até mesmo devastadora, quando a demora de Deus parece uma negação definitiva.

Seria compreensível se a mulher com hemorragia perdesse a fé durante seu longo período de espera, mas ela não perdeu. Ela perdeu a saúde e o dinheiro, mas não perdeu a fé. Depois de mais de quatro mil dias de sofrimento ela ouviu a notícia sobre um homem de Nazaré que tinha curado muitas pessoas com diferentes doenças (veja Marcos 1:34). O nome dele era Jesus. Ela, pela fé, tomou coragem: "Se eu tão somente tocar em seu manto, ficarei curada" (Marcos 5:28).

Imagine a bravura necessária para sair pela porta naquele dia, no meio da multidão de pessoas as quais estava proibida de tocar. Imagine em quantos braços ela encostou enquanto tentava passar no meio da multidão. Pense na presença de espírito que foi necessária para esticar a mão e tocar a bainha do manto de Cristo.

"Imediatamente cessou sua hemorragia e ela sentiu em seu corpo que estava livre do seu sofrimento" (Marcos 5:29).

Em um instante, Jesus curou-a por conta da fé da mulher.

E isso aconteceu da maneira mais bonita e carinhosa possível. O poder deixou o corpo de Jesus e entrou no dela. Ela sentiu na mesma hora que fora curada. Jesus olhou a multidão a sua volta e perguntou: "'Quem tocou em mim?' Então a mulher, sabendo o que aconteceu com ela, veio com temor e tremor, caiu de joelhos diante dele e lhe disse toda a verdade" (Marcos 5:33).

Pense no que "toda a verdade" englobava: a hemorragia, o isolamento, o medo, o risco, a crença de que Jesus podia curá-la. Talvez ela lhe tenha dito que não tinha dinheiro e tinha pouca força. No entanto, ela tinha a coisa mais importante de tudo: fé. Como sabemos que a fé dela foi a chave para a cura? Porque Jesus disse:

"Filha, a sua fé a curou!" (v. 34).

■ Acrescente os seus aqui.

Ouça só a maneira terna como Jesus se dirigiu a ela: "Filha". É a única vez na Escritura em que Jesus se dirige a alguém como filha. Ele falou com ela usando um termo carinhoso. Imagine o alívio que ela sentiu por fazer parte da família de Jesus. Em um instante, a espera acabou. Jesus trocou a demora na cura pela libertação da mulher.

Enquanto ela esperava, Deus estava trabalhando. Deus sabia que esse era o momento para o qual ela fora feita. Esse era o momento que seria um exemplo para todos que testemunharam o milagre de cura com o qual ela foi abençoada.

Nem sempre sabemos por que somos chamadas a esperar. Para a mulher com hemorragia, a espera foi uma parte importante do seu testemunho.

Por que Deus pode estar chamado você para um período de espera?

Uma parte do seu testemunho: talvez sua espera, como a da mulher com hemorragia, vá se tornar uma parte do seu testemunho para um mundo que precisa de esperança. Deus, em seu tempo divino, talvez queira você na sala de espera até o dia em que os outros possam testemunhar o poder dele em sua vida.

Um caminho para a proteção dele. Talvez Deus a esteja chamando a esperar por causa do mal que viria se o que deseja agora fosse realizado. A demora dele tem propósitos maiores do que seu desejo. Rememoro minha vida e penso a respeito de com que frequência quis que as coisas fossem do meu jeito só para descobrir anos depois como os resultados seriam desastrosos se eu tivesse conseguido o que queria. Deus vê o plano geral do que vemos apenas em parte. Para que o plano divino seja cumprido, há momentos em que Ele nos fala: *Não force adiante. Faça uma pausa.*

Uma parte da glória dele. Sua espera pode ser cronometrada para que a glória de Deus possa brilhar de maneiras que do contrário não aconteceria. Quando você é obediente na espera, Deus é fiel no trabalho. E você ficará impactada com o milagre. A demora dele pode preparar o palco para a demonstração divina. Jesus sabe que a maioria de nós

Quando você é obediente na espera, Deus é fiel no trabalho. E você ficará impactada com o milagre.

prefere respostas imediatas. Talvez seja por isso que Ele disse: "Você não compreende agora o que estou lhe fazendo; mais tarde, porém, entenderá" (João 13:7).

Algumas de nós talvez tenham de esperar todo o caminho para o céu para saber por que passaram por períodos difíceis. Posso lhe garantir o seguinte: se você está em um período de espera, Deus não está punindo você. A espera é às vezes o resultado de viver em um mundo caído e despedaçado, em que somos incapazes de controlar o sangramento que acompanha a vida na Terra.

Nos momentos dolorosos de espera sem explicação, lembre-se da promessa do céu. Lembre-se de como as pessoas esperaram por milhares de anos pela primeira vinda do Messias. Lembre-se das promessas de que Ele virá uma segunda vez. Chegará o dia em que não haverá mais lágrima, não haverá mais morte nem espera. Como Ruth Chou Simons escreveu recentemente:

> Não nos é pedido para cerrar os dentes e aguentar os pesares e desgostos deste mundo; temos de ver através das lentes da esperança e escolher ter a semelhança de Cristo enquanto caminhamos por essas estradas entre o agora (tudo que já temos em Cristo) e o ainda não (tudo que Ele ainda tem de fazer).[2]

Enquanto estamos na sala de espera, Deus está na sala de cirurgia. Ele, como um cirurgião invisível por trás da porta dupla, está fazendo o trabalho exigido para cumprir o plano perfeito que só Ele consegue ver.

Mas há mais. *Deus também está com você na sala de espera.* Ele não deixou você sozinha, em meio a revistas espalhadas, de olhos fixos no quadro digital. Ele está com você, agora mesmo.

. . . .

[2] Ruth Chou Simons (@gracelaced), Instagram, 20 de agosto de 2017, https://www.instagram.com/p/BYCMW58Axdu/?hl=en&taken-by=gracelaced.

Com frequência parece que Deus fica em silêncio em seus momentos mais difíceis de espera — nos momentos em que você está no fim do seu gás, no fim de você mesma, no fim de toda esperança. O inimigo quer que você acredite que está sozinha nesse lugar. O inimigo quer que você acredite que Deus seguiu em frente para fazer outra coisa, e você deve resolver o assunto por conta própria.

Não confunda as demoras divinas com um desaparecimento divino. Prometo a você, Ele está bem aqui com você. Independentemente de quão longa for sua espera, se de doze minutos, doze horas, doze dias ou doze anos, Ele está com você.

Bem aqui em sua angústia.

Bem aqui em sua incerteza.

Bem aqui em seu caos.

Bem aqui em seu desapontamento.

A espera não é um lugar intermediário. É onde o trabalho de verdade é feito em nós se desacelerarmos o bastante para permitir que seja feito. Já aprendemos que a entrega não é algo passivo, mas é uma forma ativa de confiança. A espera é a mesma coisa. A espera, mesmo na quietude, não é passiva, mas muito ativa e exige que fiquemos alertas para o que Deus está fazendo em nós e ao nosso redor. No lugar de espera, Deus nos dá a sabedoria de que precisamos para o que Ele quer que façamos quando a espera acabar.

Virá um tempo no qual você, como a mulher com hemorragia, tem de fazer uma coisa ainda mais corajosa do que esperar. Terá de abrir uma porta, dar um passo para fora, para o desconhecido e lutar para abrir caminho em direção ao manto de Jesus Cristo. Isso vai exigir uma grande fé, mas essa fé é conquistada com muito esforço, edificada naqueles momentos inóspitos de espera.

Em fé, você alcançará Jesus. Em fé, você tocará a bainha do manto dele. E quando você cair aos pés dele, Ele se virará e dirá: "Filha, a sua fé a curou".

Acabando com o "modo controle"

Peça ajuda a Deus para discernir quando é necessário parar, em vez de forçar adiante.

Você é uma motorista? Caso seja, provavelmente fica tentada a dizer sim a cada curva. Pare, em vez de forçar adiante. Por exemplo, permita-se pelo menos doze horas de oração e consideração antes de assumir novos compromissos. Depois *escolha o melhor em vez de só se ocupar.*

Você é uma devotada? Caso seja, é provável que você queira "ajudar" aqueles a quem ama. Faça uma pausa em vez de forçar adiante. Por exemplo, em vez de interferir para resolver conflitos na vida de seus filhos, evite tomar o assunto em suas mãos se o resultado não depende de você. Se tiver filhos mais velhos, considere fazer perguntas a eles a fim de ajudá-los a encontrar o próprio caminho, em vez de oferecer uma enxurrada de conselho, ou pior ainda, fazer o trabalho por eles. Em vez de *fazer* por eles, ajude-os a *desenvolver* bons hábitos. *Escolha desenvolver, em vez de fazer.*

Você é uma querida? Caso seja, é provável que dedique longas horas a satisfazer padrões irrealistas de perfeição em seu trabalho e em você mesma. Faça uma pausa em vez de forçar adiante. Decida de antemão que quantidade de esforço é razoável, depois atenha-se a isso. Em vez de assumir que não é perfeito, determine que algumas coisas são boas o suficiente. *Prefira o suficientemente bom ao perfeito.*

Em momentos de angústia e estresse, sua mania por controle talvez queira escapar da sala de espera e tentar consertar tudo. Faça uma pausa, em vez de forçar adiante. Peça a Deus para edificar sua fé e ajudá-la a esperar. Esse período pode levá-la a uma parte de seu testemunho, a um caminho em direção à proteção dele ou a um pedaço da glória dele revelada.

Em que áreas de sua vida Deus está chamando você para fazer uma pausa, em vez de forçar adiante?

12

Inteira

RELAXANDO O CORPO, A MENTE E A ALMA

Estou em Cancún. Voei de Iowa para esse lugar de verão eterno onde passarei um fim de semana longo com amigas que raramente vejo. Quase não vim, e tinha meus motivos, incluindo o conhecido "estou ocupada demais". Estava atrasada no prazo final que determinei para este livro e não me dou bem com marcos de desempenho não respeitados.

Em casa, Deus estava me dando o conteúdo para este livro, mas apenas aos poucos e em pedaços. Este livro foi construído da maneira que se monta um quebra-cabeça — sem ter a vantagem de ver a imagem na tampa da caixa. Dá para imaginar como a minha mania por controle tem lidado com isso. Tenho de rir quando reconheço a verdade de que escrever um livro sobre controle ficou totalmente fora de controle. (Há uma lição de Deus nisso, tenho certeza.)

Então, sim, eu estava atrasada, mas eu não podia negar o anseio por uma mudança de paisagem, mesmo que isso me atrasasse mais ainda. Sentia Deus me incentivando: *Vai. Está tudo sob controle. Este livro estará à sua espera quando você voltar.*

Bem, deixa-me esclarecer uma coisa. Não preciso fugir para Cancún para "me encontrar". Mas definitivamente parecia certo ir para lá. Esse foi o convite colocado diante de mim por minhas amigas, muitas delas também autoras cristãs que entendem os altos e baixos do ministério. Eu precisava de algum tempo com amigas que lutavam na mesma trincheira, então aceitei a viagem para Cancún.

É onde estou agora, sentada em um terraço no sétimo andar com meu laptop enquanto o sol se levanta sobre o golfo do México. As palmeiras acenam seu bom dia, enquanto o oceano se veste de um azul vívido inacreditável.

É isso mesmo, estou escrevendo durante as férias. Sim, trouxe meu computador. E nas primeiras horas de cada dia, venho para a varanda escrever. Com certeza, a essa altura, isso não surpreende você. Entendo que isso pode parecer uma contradição; afinal, vim para Cancún para descansar. Mas, às vezes, estar em um novo ambiente dá a liberdade de encontrar novas palavras.[1] Se encontrar as palavras aqui, não quero esquecê-las porque podem ser as palavras que nós duas precisamos; e parece muita responsabilidade escrever todos meus pensamentos em pedaços de guardanapos e menus e depois esperar levar todas essas anotações com segurança para casa.

Com certeza reservei tempo para descansar tanto quanto para trabalhar nessas férias. Ontem fiz massagem em uma das cabanas com telhado de palha do *resort*. Estava deitada com a cara para baixo e a cabeça presa em um daqueles travesseiros circulares com um buraco no meio para você respirar. Acima de mim, as pás do ventilador de bambu giravam lentamente produzindo uma leve brisa. Senti meu corpo relaxar como se soubesse instintivamente que deveria fazer isso. Pequenas velas em suportes comemorativos de vidro tremeluziam nos cantos da sala.

Minha massoterapeuta andava silenciosamente ao meu redor arrumando pequenos frascos de óleos essenciais e verificando a temperatura das pedras quentes, que seriam usadas durante a massagem terapêutica. De olhos ainda abertos, consegui ver o chinelo dela se mover na minha direção.

....
[1] Obrigada por esse lembrete Kara Leonino, editora extraordinária.

Ela sussurrou algumas palavras que me conduziram a um estado que só pode ser descrito como de pura tranquilidade: "Relaxe seu corpo... sua mente... e sua alma".

Foi uma coisa tão pequena, algumas poucas palavras ditas com um sotaque latino suave. Ela provavelmente dizia essas mesmas oito palavras para todas as mulheres deitadas sobre sua mesa. Mas ao ouvi-la dizer aquilo, algo brotou dentro de mim. Ao sentir o aroma de eucalipto, pensei que fosse chorar. As palavras dela, embora calmas, liberaram uma energia dinâmica que correu do coração para a ponta dos meus dedos. "Relaxe seu corpo... sua mente... e sua alma". As palavras dela me lembraram de que sou um *todo*, corpo, mente e alma. Sou interconectada, e também estou conectada a Deus.

Sou uma *pessoa inteira*.

É óbvio, certo? A não ser pelo fato de que não agia como uma pessoa completa, conectada. Agia como uma pessoa dividida, operando uma parte de cada vez, tentando continuar o show e manter todas as partes se movendo. Meu instinto de sobrevivência entra em ação e bloqueia minhas emoções. Passo a ser um robô humano com calça de ioga tentando passar o dia sem perder o controle das minhas emoções e tudo o mais.

Na sala de massagem, de repente tive consciência de minha integridade e a percepção surpreendente de como minha vida regular era muitas vezes dividida e fragmentada. Não funcionava como "corpo--mente-alma" sem costura, a despeito do fato de Deus me projetar dessa maneira. Tratava a mim mesma como uma pessoa fragmentada: corpo, depois mente e depois alma e de volta ao início de novo. Administro meu *corpo* de maneira irregular. Mais tarde, trabalho minha *mente* o máximo que posso. Supervisiono minha *alma* quando posso. Trato as três partes de mim mesma como entidades separadas. Divido minha vida arbitrariamente entre o secular e o sagrado.

Quando opero assim, estou, como um soldado no campo de batalha, no modo sobrevivência, fazendo de maneira decidida o que precisa ser feito. E parece que funciona. Depois, quando deixo o campo de batalha e finalmente estou segura em casa, finalmente solto as emoções e choro para valer. Nunca entendi por que isso acontecia — por que eu chorava apenas quando finalmente me sentia segura. Por que não chorava no campo de batalha? Então minha amiga Bonnie Gray, um autora cristã que lutou com a desordem do estresse pós-traumático, me disse a razão para isso. Um soldado não tende a experimentar trauma quando sua bravura é exigida no campo de batalha. O soldado tem ataques de pânico depois que chega em casa. É quando está seguro para enfrentar o que seria muito difícil para processar antes.[2]

Aquele momento na mesa de massagem era meu lugar seguro. Não havia campo de batalha. Eu estava em casa comigo mesma. E naquele momento alguém mais me reconheceu como um ser inteiro — corpo, mente e alma, entretecidos. Não sei como dizer a você o quão "vista" me senti por Deus por meio das palavras de uma estranha cujo único trabalho era me fazer uma massagem decente. Foi como se Deus estivesse por perto, tão presente para mim. Lembrei-me da primeira pergunta que Deus faz em toda a Escritura: "Onde está você?".[3] Deus já sabe a resposta. Parece que Deus faz a pergunta não tanto para conseguir uma resposta, mas principalmente para nos deixar saber que Ele está por perto. Afinal, não estamos sozinhas. Ele nos vê.

Senti-me tão vista naquele momento; senti-me tão inteira.

Acho que as palavras da terapeuta calaram tão fundo porque já tinha começado a ver uma mudança em como eu estava levando minha vida. Tinha começado a ver a vida através das lentes da soberania de Deus. Meses atrás, eu havia tirado Deus da minha lista de afazeres diários

. . . .

[2] Bonnie Gray, "Having Mental Health Issues Doesn't Mean You're a Bad Christian", *Relevant*, 30 de agosto de 2017, https://relevantmagazine.com/article/having-mental-health-issues-doesnt-mean-youre-a-bad-christian/. Bonnie também é a autora de *Finding Spiritual Whitespace* (Grand Rapids, MI: Revell, 2014), leitura que recomendo muitíssimo.

[3] Quando Adão e Eva desobedeceram a Deus pela primeira vez, eles se esconderam dele. "Mas o Senhor Deus chamou o homem, perguntando: 'Onde está você?'" (Gênesis 3:9).

(capítulo 7) e começado a entregar a Deus minha lista de afazeres para que Ele pudesse organizar meus dias. Além disso, toda manhã antes de começar a trabalhar, eu orava: "Deus, ajude-me a fazer escolhas hoje que honrem seus planos para minha vida". Essa é uma forma tangível de reconhecer que Deus dá as ordens.

A inteireza de Deus — sua onisciência e onipresença — tornam-se discerníveis. Ali, sob as pás do ventilador de bambu, senti outro tipo de inteireza — não só de Deus, mas também *a minha*.

Foi isto que senti em meu cerne: sou uma pessoa com corpo, e mente, e alma. Não sou um *pixel* nem uma máquina. Meu corpo não foi feito para ser administrado de maneira irregular, com todas as marchas em alta velocidade o tempo todo. Minha mente não é uma entidade separada nem trabalha por conta própria. Minha alma não está extirpada do resto de mim, um punhado de algo que espera pelo céu e vai flutuar quando morrer. Minha alma é mais do que algum fantasma interior que encontro nos espaços em que encontro Jesus durante meu tempo de quietude.

Minha alma — a palavra grega *psychē* — significa "o sopro vital, o sopro de vida [...], o assento das afeições e da vontade". No grego, a palavra *psychē* significa "uma pessoa humana". Ouça só isto: a *psychē* é "o resultado direto do sopro de Deus, seu dom da vida, em uma *pessoa*, tornando-as um *ser dotado de alma*".[4]

Sou isto: inteira. Uma pessoa. Um ser dotado de alma. O resultado direto do sopro de Deus.

Essa é minha essência.

O GRANDE SOPRO DE DEUS

A mesma coisa é verdade para você. Você é uma pessoa inteira. Você é o resultado direto do sopro de Deus em você. Inspire essa verdade. *Inale o grande sopro de Deus.*

. . . .

[4] *Strong's Concordance*, verbete "psychē", grifo no original.

Alguns lugares em que sinto o sopro de Deus

- Em uma banheira com água quente, com meu livro favorito nas mãos e espuma com aroma de baunilha.
- Em um barco de pesca com meu pai.
- Na sala de parto, depois de a dor passar, quando vi cada uma das minhas filhas pela primeira vez.
- No quintal, pegando vaga-lumes em potes.
- No terraço, escrevendo isso para você.
- Acrescente os seus aqui.

_____
_____
_____
_____
_____
_____
_____
_____

E como seria se hoje você silenciasse tudo em seu interior por alguns momentos? Saia do campo de batalha. Coloque no chão o fardo que carrega em seus braços. Sinta todos seus sentimentos — seu ser todo — seja acalmada por aquele que soprou a vida em você. Você é um ser notável com corpo, mente e alma — uma pessoa humana, um *psychē*.

Pare agora mesmo para se fazer estas perguntas:
Em que área ainda me sinto dividida, puxada por muitas direções diferentes?
Quando estou operando como se fosse apenas um corpo e uma mente, com uma existência finita e fragmentada?
De que maneiras isso faz com que eu me sinta sem alma e vazia?

Fico um pouco aterrorizada em admitir isso, mas posso me sentir tão fragmentada, empurrando minha mente e meu corpo com tanta força, que as horas podem passar sem nem pensar uma vez que seja em Jesus. Nesses momentos, estou a todo vapor na minha agenda. Quando faço uma avaliação séria da minha vida, consigo ver em que pontos minha tendência ao controle é acionada, conduzindo-me para as zonas de perigo. Isso acontece quando minha motorista interior prende minha alma atrás de uma série de obrigações urgentes. Sinto-me cansada mesmo depois de uma noite regular de sono. Sei que estou irritando as pessoas com minhas repostas monossilábicas e falta de contato visual. Esses são sinais alarmantes. Você está começando a se ver? Consegue sentir como suas obrigações a afastam de quem você é, da sua *psychē*?

Em tempos fragmentados é impossível aceitar o descanso que Cristo nos oferece. Este é o convite que Cristo nos faz:

> Venham a mim, todos os que estão cansados e sobrecarregados, e eu lhes darei descanso. Tomem sobre vocês o meu jugo e aprendam de mim, pois sou manso e humilde de coração, e vocês encontrarão descanso para as suas almas (Mateus 11:28-29).

Nesse versículo, a palavra para alma é mais uma vez *psychē*. Jesus promete descanso para nossa *psychē*, nosso ser completo. Se vivemos de modo desarticulado, negligenciando nossa *psychē*, nunca conseguiremos alcançar a plenitude em nossos dias agitados. Ao contrário, funcionamos como seres fragmentados enquanto tentamos realizar as tarefas designadas por Deus. A resposta aqui não é abandonar nossa vida regular, tirar mais sonecas ou simplesmente "deixar de ser ocupada". Em um mundo perfeito, viríamos todas juntas para Cancún uma vez por mês, mas o mundo não é perfeito. Temos que descobrir como viver como pessoas inteiras até mesmo enquanto funcionamos em nossa vida cotidiana ocupada. Quando Jesus nos convida para esse tipo de inteireza, Ele não diz "Tire umas férias e vá encontrar descanso para sua alma". Ele também não diz "Pare de trabalhar e vai encontrar descanso para sua alma".

Jesus nos instrui a fazer isto: a tirar nosso jugo e, em seguida, pegar o jugo *dele* para funcionarmos sob a autoridade *dele* no serviço para Ele, imitando Ele.

Amo a tradução desse versículo sobre descanso de Eugene Peterson na paráfrase de *A Mensagem*: "Vou ensiná-los a ter descanso verdadeiro. Caminhem e *trabalhem comigo*! Observem como eu faço!" (Mateus 11:29, grifo da autora).

Como Jesus fazia isso? Como Ele mantinha um espírito descansado e tranquilo, como um ser inteiro, mesmo enquanto trabalhava?

É seguro dizer que Jesus trabalhou mais que qualquer um na história de todos os tempos. Sua responsabilidade enquanto esteve na Terra era grande, culminando com sua obra na cruz. Ele curou, perdoou, alimentou milhares, debateu com estudiosos e pregou para multidões. O tempo de ministério dele aqui foi breve — durou cerca de três anos apenas —, mas Ele realizou mais do que nossa mente consegue entender. João diz que não sabemos nem mesmo metade do que Jesus fez nesse período: "Jesus fez também muitas outras coisas. Se cada uma delas fosse escrita, penso que nem mesmo no mundo inteiro haveria espaço suficiente para os livros que seriam escritos" (João 21:25).

Contudo, a Escritura revela que Ele nunca fez uma obra de forma fragmentada, dividida em segmentos. Ele se mobilizava por inteiro — corpo, mente e alma — muitas vezes erguendo as mãos e o rosto para o céu em oração imediatamente antes de executar a obra que Deus o chamara a fazer. Ele envolvia todo seu ser — sua *psychē*.

Jesus não só foi um exemplo de espírito sossegado enquanto trabalhava, mas também foi exemplo de descanso obrigatório. Ele passava muito tempo sozinho com o Pai. Passava muitas horas orando. Ele se retirava para lugares privados. Se Jesus precisava de descanso total, nós também precisamos desse descanso. Há momentos em que precisamos parar completamente todas as atividades. (Saiba mais sobre esse assunto no próximo capítulo.)

O verdadeiro descanso, no entanto, não é a falta de atividade; é o estado de espírito, o estado da sua alma. O descanso é a capacidade de acessar sua *psychē*, até mesmo enquanto trabalha com seu corpo e sua mente. Até mesmo enquanto está dobrando a sétima cesta de roupa lavada. Até mesmo enquanto passa mensagem de texto para as amigas, preenche o relatório ou amamenta o bebê às 3 horas da manhã.

Relaxe seu corpo... sua mente... sua alma.

O que isso significa para nós?

Primeiro de tudo, lembre-se disto: Deus deu um corpo a você. Seu corpo foi criado para levá-la a lugares maravilhosos. Às vezes você pode achar que seu corpo é mais forte do que sequer imaginou que poderia ser. Seu corpo pode fazer coisas corajosas: correr maratonas, ficar de vigília à cabeceira de alguém, criar bebês e enfrentar com bravura as multidões na Black Friday de uma grande loja de departamento e sair com sua salvação ainda intacta. Você não é fraca. Deus pode chamá-la para realizar tarefas do reino que às vezes deixam seu corpo fisicamente cansado. Mas se você não envolver a *psychē* com o corpo, está levando uma vida fragmentada. Aí vocês não vão ser capazes de acessar o "descanso para as suas almas" em meio ao seu trabalho, conforme Jesus promete.

Sua mente, da mesma forma, foi designada por Deus a pensar criativamente no trabalho que a chamou a fazer. Ele lhe deu sabedoria, um senso de humor travesso e divertido, a habilidade de resolver charadas (como a matemática da quarta série) e de negociar as pazes entre irmãos briguentos, o tempo todo se dedicando ao serviço. Haverá vezes que exigirão mais de sua mente do que você imaginava que poderia suportar e a entender mais do que achava possível. Você não é um fantoche, minha irmã. Se não envolver a *psychē* com essa sua mente brilhante, você estará levando uma vida fragmentada.

Vou dizer de novo: o verdadeiro descanso não é a falta de atividade; é o estado de espírito, da alma. O verdadeiro descanso não é um lugar para o qual você vai, é uma Pessoa que você conhece. O verdadeiro descanso é a presença inabalável de Deus, soprando seu dom de vida em todo seu ser — corpo, mente e alma — quer você esteja mais ocupada quer esteja absolutamente imóvel nos braços dele.

Naquela mesa de massagem, percebi isto: a vida de entrega é muito mais do que "fazer menos". É ser mais quem Deus a criou para ser. É viver como uma pessoa inteira, movendo-se como uma pessoa inteira, respirando como uma pessoa inteira. É inalar o grande sopro de Deus e voltar-se para amar a Deus com todo seu ser. Jesus chamou você e eu para esse tipo de vida. "Ame o Senhor, o seu Deus, de todo o seu coração, de toda a sua alma [*psychē*], de todo o seu entendimento e de todas as suas forças" (Marcos 12:30).

Somos chamadas a amar a Deus *com todo nosso ser*.

Podemos amá-lo com nossas paixões, com nossos talentos, com nossa energia, com nossos dispositivos móveis, com nossa agenda, com nossas emoções, com o trabalho mais difícil da nossa vida, com os momentos de descanso mais gratificantes, com nossos dons, com nossas mãos, com nosso dinheiro, com nossos atos, com nossas reações, com nossas festas, com nosso serviço doméstico, com nossas visitas ao médico, com nossos momentos na sala de espera e com nossos momentos em que estamos de bruços sob o ventilador de bambu.

Venham a mim, disse Jesus, e darei descanso para as suas almas.

TOQUE O CÉU

Aqui estou eu mais uma vez no terraço. Fiz o que prometi a você que faria. Fiz uma pausa. Abracei minha inteireza, minha *psychē*.

Encontrei-a hoje cedinho quando escrevi algumas palavras para você. Como sempre, imaginei você sentada ao meu lado. Não consigo dizer a você como isso me revigora. Então no meu trabalho abracei a totalidade de meu ser. Encontrei essa totalidade mais uma vez esta tarde com um prato cheio de guacamole sob um guarda-sol enquanto contemplava o bailado das ondas e me maravilhava com o fato de Deus comandar todo esse espetáculo em que o oceano respeita os limites estabelecidos pelo Senhor. Aí às três horas da tarde fiz um passeio pelo céu. Foi ideia da Jessica. Ela queria fazer *parasail*. Era um *parasail* com três lugares, então Lisa e eu aceitamos o convite da Jessica.

Jessica ficou um pouquinho nervosa com a coisa toda, e como eu já tinha feito *parasail* uma vez antes, fingi ser mais corajosa do que sou de fato. O que ela não sabia era que na minha cabeça estava escrevendo de antemão as notícias nos jornais que anunciariam nossa morte trágica.

Descemos um longo cais, entramos em um barco a motor, o barco acelerou em águas mais profundas e fomos atreladas a um paraquedas de *parasailing*.

— Você está assustada? — Jessica me perguntou enquanto o homem nos amarrava no aparelho.

— Bem, estou um pouquinho sim — ri enquanto agarrava com tanta força as tiras de lona que meus dedos ficaram brancos. Tinha um sentimento estranho na boca do estômago, aquilo que a gente sente quando está enlouquecida, e me senti corajosa e temerosa, tudo ao mesmo tempo. E aí... *para cima!*

Para cima, para cima, para cima, voamos no céu em um *parasail* com o desenho de um sorriso acima de nós. A corda estava esticada, levantando-nos oitenta metros acima daquela água, azul sobre azul. Muito abaixo de nós uma tartaruga marinha serpenteava perto da superfície. À medida que subíamos mais alto, aquela estranha sensação de desastre se foi. A tranquilidade voltou. Aqui estava todo meu ser, eu toda — vulnerável, desajeitada, desperta, um pouco fora de controle e loucamente livre. Corpo. Mente. Alma. Estava tudo ali.

Respirei fundo e soltei o ar. Parecia uma névoa quente entrando e saindo de mim. Estava inalado o sopro de Deus.

Senti minhas mãos se afrouxarem como se largassem a correia. Depois abri as mãos e as levantei, alto, mais alto em direção aos picos de nuvens acima de mim, mais alto ainda como se pudesse tocar o céu.

Acabando com o "modo controle"

Você está se sentindo fragmentada? Pense no que você pode fazer para viver o que Ann Voskamp chama "vida em uma peça só". A Ann compara a vida com uma roupa de uma peça só sem costura. Esse tipo de roupa era uma posse rara para um judeu nos tempos bíblicos. A Ann diz que esse tipo de roupa é uma grande metáfora para a vida. Tudo que fazemos é entretecido em uma só trama — nossos relacionamentos, nossos sonhos, nosso trabalho, nossas paixões, nossa maternidade, nossa criatividade. Nada é fragmentado ou dividido em categorias. Nada é dividido arbitrariamente. Ela escreve: "Usamos a seda perfeita de Deus quando oferecemos conscientemente tudo o que fazemos como um sacrifício a Deus"[5]

Paulo explicou desta maneira: "Com a ajuda de Deus, quero que vocês façam o seguinte: entreguem a vida cotidiana — dormir, comer, trabalhar, passear — a Deus como se fosse uma oferta" (Romanos 12:1, A Mensagem).

Agora, imagine sua vida como uma roupa. Identifique os desfiados, as costuras rasgadas, as peças que se separaram de Deus. Talvez você seja como eu em tempos de desconexão. Talvez sua mente se desvie dele — até mesmo por horas — e assim você se afasta de sua essência a ponto de surgir seu lado sombrio. Você está se sentindo totalmente responsável e precisando tomar todas as decisões. Pense em encontrar novas maneiras de lembrar que Deus está no controle da sua vida e quer ser seu parceiro.

- Nos dias ocupados, acerte o alarme para tocar a cada hora para se lembrar de tirar cinco minutos para caminhar com Jesus. Deixe-o falar à sua *psychē*.
- Tente colocar uma cadeira (ou desenhe uma) em qualquer sala em que esteja. Convide Jesus a sentar na cadeira. Imagine-o sentado com você onde estiver, não como um cão de guarda vigiando seu comportamento, mas como um amigo e parceiro de trabalho envolvido no trabalho com você.[6]
- Ao final de cada dia, faça uma avaliação honesta do seu dia. Seu trabalho atrapalhou você em relação a quem quer ser

---

[5] Ann Voskamp, "Do You Feel Broken and Fragmented?", *Q Ideas*, http://qideas.org/articles/do-you-feel-broken-and-fragmented/.

[6] Propus essa ideia pela primeira vez em meu livro *The Happiness Dare* (Carol Stream, IL: Tyndale House, 2016,) como uma forma de convidar Jesus para entrar em todas as áreas de sua vida, "deleite-se no que lhe traz deleite". Veja a página 26.

como uma pessoa com *psychē*? O que fez seu lado obscuro vir à tona? Se esse tipo de pergunta a deixa perplexa, peça a alguém em quem confia para dizer a você o que viu nesse seu dia.

- Faça uma lista das atividades que ativam sua consciência de seu ser inteiro: corpo, mente e espírito. Talvez seja uma massagem, uma caminhada estimulante com o cachorro ou uma hora de trabalho especialmente revigorante em que explora seu ser por inteiro. Talvez seja uma atividade que lhe trouxe alegria no passado, mas que você acabou deixando de lado. Agora comprometa-se em fazer uma dessas atividades no fim da semana. Enquanto faz a atividade, inspire o grande sopro de Deus.

13

Descanso

O VERDADEIRO MOTIVO POR QUE SE SENTE
OCUPADA, MAS NÃO PRODUTIVA

Por volta das oito dessa manhã meu celular estava avisando que tinha mensagens.

Uma das minhas filhas esqueceu de me pedir para assinar um papel de permissão, então: *Você poderia, por favor, vir até a escola agora para assinar a permissão?* Um e-mail da editora para perguntar se consideraria escrever um artigo para sua revista. Uma amiga começou uma lista de inscrição de entrega de refeições para uma pessoa que acabou de se tornar mãe e fiquei pensando se eu podia ajudar... hoje à noite. Todos os pedidos tinham um tipo de urgência. Claro que faria o que podia, mas consegui sentir meu marcador de combustível pendendo em direção a vazio antes mesmo de o dia começar de fato.

Parada obrigatória. Eu precisava me conectar com Deus.

Não queria começar o dia entregando a Deus minha agenda, em vez de pedir a agenda *dele*. Quero que minhas tarefas fluam do alinhamento da minha alma. Então abri a Bíblia no evangelho de Marcos e comecei a ler. Nesse momento o celular começou a vibrar na sala ao lado, entrei em frenesi por causa de várias mensagens de texto de um grupo. O celular vibrava com tanta fúria que pensei que podia cair sozinho da mesa.

Ri alto pela ironia e senso de momento. Porque naquele momento estava lendo a história em que Simão diz a Jesus: "Todos estão te procurando".

TUDO SOB CONTROLE

Você conhece o sentimento, não é mesmo? Todos também estão procurando você.

Na história bíblica, Jesus tinha passado o entardecer do dia anterior curando pessoas doentes e possuídas pelo demônio do lado de fora da casa de Simão. "Toda a cidade se reuniu à porta da casa."[1] Na manhã seguinte, Jesus levantou cedinho e saiu para orar, sozinho. Jesus queria se conectar com Deus, por isso, saiu da vila. Mas a solidão dele não durou muito. Simão, que não sabia aonde Jesus tinha ido, aparentemente precisava dele *naquele instante*.

Você quase consegue ouvir o desespero na voz de Simão quando finalmente encontrou seu mestre: "Todos estão te procurando".[2]

Um dia típico na vida de Jesus: o trabalho nunca termina, só o dia termina. O dia de trabalho dele era tomado por uma série de tarefas, algumas planejadas e algumas espontâneas. Ele cuidava dos doentes, confortava os aflitos, afligia os acomodados e pregava para os desanimados e de coração partido — e depois acordava para fazer mais do mesmo. Embora Jesus talvez ficasse tentado a dormir em muitas manhãs, Ele levantava muito cedo, caminhava até um lugar deserto e passava um tempo com o Pai. Mais de uma vez seu tempo de refrigério foi interrompido. Se Jesus tivesse um celular, este ficaria vibrando com os pedidos de todos que estavam esperando na porta da casa de Simão.

Você não sente que tem uma afinidade com Jesus nisso? Se você se sente com se "todos estão te procurando" e tem dificuldade de conseguir cinco minutos para ficar com o Pai, Jesus entende bem demais isso. Alguns dias parece que todos querem que você seja a solução para o livro da biblioteca que perderam, a mancha na camisa, o queijo que acabou. Todos querem que você se inscreva para a entrega de refeições ou para a coleta comunitária de lixo. Eles a estão procurando porque sabem que podem contar com você. A devotada em você ama ferozmente, e você não quer desapontar

[1] Marcos 1:33.
[2] Marcos 1:37.

202

ninguém, então você continua ajudando e amando ainda mais. Alguns dias isso significa que a última pessoa de quem você cuida é... *você mesma.*

Você e eu provavelmente percebemos que sempre vamos ter muito em nosso prato. Somos mulheres de alta velocidade que amam se conectar com as pessoas, assumir novos desafios e ajudar onde podemos. *Querido Jesus, vamos servir o Senhor até o dia em que morrermos!*

Se você for como eu, coloca com regularidade o serviço em primeiro lugar e o descanso em segundo. O descanso muitas vezes parece com estar sem gás, exaurida com nada mais a não ser a satisfação de um trabalho bem-feito. Não acho que seja isso que Deus pretendia por descanso.

Enquanto escrevo este livro percebo a necessidade de fazer algo diferente. Não fui projetada para descansar *por último.* Fui projetada para descansar *primeiro* para que meu trabalho flua do descanso. Qualquer outra abordagem equivale a sair do posto de gasolina com o para-brisa limpo e um pacote de amêndoas apimentadas — e só um quarto de tanque de gasolina.

Não quero ficar tão ocupada que não ouça a voz de Jesus. Não quero ficar tão envolvida na agenda dos outros para mim a ponto de esquecer de consultar a Deus sobre a agenda dele. Encontrar com Deus para o reabastecimento diário me lembra destas verdades básicas:

- Não sou a solução para todos.
- Não tenho de estar no controle de tudo nem no comando de todos os resultados.
- Não tenho que me colocar no centro de tudo nem devo me permitir ser arrastada para esse lugar.

As exigências na minha vida vão continuar a vir, e Deus vai me pedir para fazer coisas difíceis. Mas prometo isto a você: *Deus nunca vai pedir que você faça tantas coisas a ponto de não ter tempo para Ele.*

Com tantas demandas nas suas costas, como vai saber que caminho seguir? Jesus, vez após vez, mostra-nos como. Começamos, como Jesus, com o descanso e depois vamos saber qual é o melhor caminho.

O homem mais ocupado que já existiu encontrava tempo para se reabastecer. Todos os dias Jesus era puxado em um monte de direções diferentes, mas antes de decidir qual caminho seguir, Ele ficava intencionalmente na presença de Deus. O tempo de Jesus com o Pai com certeza o ajudava a priorizar. Suas tarefas de trabalho fluíam do alinhamento da sua alma. O descanso primeiro, depois o trabalho.

Quem sabe quanto tempo Jesus teve antes de Simão e seus companheiros se precipitarem naquela manhã? A Bíblia diz que foi tempo suficiente. Porque Jesus, depois de alinhar a alma com o Pai, sabia qual era sua missão diária. Jesus deixou claro que não estava sendo chamado a seguir a agenda que Simão ou outras pessoas na cidade tinham para Ele. Ele iria para onde o Pai o enviasse.

Jesus disse: "Vamos para outro lugar, para os povoados vizinhos, para que também lá eu pregue. Foi para isso que eu vim".[3]

Se Jesus precisava se encontrar com Deus, então quanto mais precisamos fazer a mesma coisa? Não vamos saber magicamente qual direção seguir, nem Deus vai balançar uma varinha mágica para trazer descanso à nossa alma. Ele pede nossa cooperação aqui. Nossas atribuições de trabalho fluem do alinhamento da alma.

Mas antes...

Ouça. Respire. Vá a um lugar sossegado.

Descanse.

UMA CULTURA OBCECADA PELO TRABALHO E PRIVADA DE DESCANSO

Uma confissão, descansar sempre é difícil para mim. Há sempre algo a ser escrito, dobrado, secado, limpo, respondido, lavado, dirigido, puxado, terminado, alimentado.

Você assistiu à série *Downton Abbey*? Caso tenha assistido, lembra-se da Violet Crawley, a herdeira condessa de um grande Estado inglês na

. . . .
[3] Marcos 1:38.

virada do século 20. Na série, essa notável senhora idosa faz a famosa pergunta: "O que é fim de semana?". Se fosse quarta-feira ou sábado, o trabalho era feito pelos empregados. A comida era preparada pela cozinheira da casa. A herdeira condessa de Grantham tinha aparentemente tempo ilimitado para laser, descanso, escrita de carta, passeio a cavalo e reuniões na sala de visitas com os convidados.

Avance para os dias atuais e pense no peso que a mesma pergunta tem em nossa cultura obcecada pelo trabalho e privada de descanso: "O que é fim de semana?".

Passei por longos períodos de negócio em que meu trabalho avançava nos fins de semanas. Os domingos eram frenéticos como as segundas-feiras. Precisava vestir as crianças para irem à igreja, chegar cedo ao santuário para dar os toques finais nos slides para o pastor, entregar aperitivos para a cozinha, ensinar na escola dominical, depois fazer o jantar em casa, ajudar as meninas com a lição de casa, responder a alguns e-mails que tinham ficado de lado e fazer a lista de organização da semana seguinte.

De verdade, *o que é um fim de semana?*

Vivemos em uma sociedade em que somos mais acessíveis e ocupadas com nossos fones de ouvido, disponibilidade constante, aplicativos de telefone multitarefas e outras facilidades. Até mesmo os lugares em que costumávamos apenas existir em quietude com nossos próprios pensamentos — como a sala de espera do consultório do dentista ou na fila do supermercado — usamos agora como uma oportunidade para ver o Facebook ou responder a algum e-mail.

Perguntei outro dia a um grupo de mulheres da igreja: "O que vocês fazem para realmente descansar?". Vez após vez elas me disseram: "Sinto que sou ocupada demais para descansar". Temos mais meios do que nunca de chegar ao topo de tudo, mas em vez disso descobrimos que tudo está chegando ao topo de *nós*. Todas essas maquininhas inventadas com a intenção de nos deixar sãs terminam nos deixando assoberbadas. A disponibilidade social passou a ser adversária da nossa alma.

Uma pesquisa indica que o impulso para a ocupação é especialmente predominante nas mulheres. Elas se sentem com frequência "culpadas se não estão ocupadas com outras pessoas ou culpadas se tiram algum tempo para si mesmas".[4]

Sinto esse tipo de culpa. Pesquisei ao meu redor e vi mães educando cinco filhos em casa enquanto dirigem uma associação sem fins lucrativos. E me perguntei: *Como todo mundo faz isso?* Então minimizei minha necessidade de descanso achando que não tinha o direito de reclamar quando comparava minha vida com a de outras pessoas.

Motivada pela culpa, acabei por me sobrecarregar pensando: *Se ela consegue fazer isso, eu também consigo.*

OUÇA SEU MOTOR

Vamos parar de nos culpar e começar a nos reabastecer. Precisamos ouvir nosso corpo, em vez de levá-lo ao limite. E se quando ouvirmos nosso corpo implorando: *Diminui a marcha*, prestarmos de fato atenção nele?

Como um exemplo, vou apresentá-la ao meu primeiro carro. Era um fusquinha vermelho com embreagem e câmbio manuais. Estava sempre cheirando a gasolina, o que quer dizer que eu sempre cheirava como um posto de gasolina. Meu fusquinha morreu prematuramente em 1989 quando começou a pegar fogo em uma estrada de Iowa. Peguei minha trompa francesa no banco de trás e sai andando pela estrada deserta, chorando sob um céu com uma meia-lua esperando que passasse alguém para me dar uma carona.

O fusquinha foi minha primeira compra importante, feita com meu salário de salva-vidas. No começo, eu não sabia como dirigir com câmbio manual, mas aprendi ouvindo os sons que fazia. O carro,

---

[4] "How Being Busy Became a Badge of Honor," *MPR News*, 21 de março de 2016, https://www.mprnews.org/story/2016/03/21/the-drive-to-be-busy.

à sua própria maneira, tinha "voz". Quando o carro estava em uma marcha muito lenta, fazia um som alto de rotação. Essa era minha dica para mudar de marcha. Conforme continuava a acelerar, a voz do carro ia me dizendo para mudar para uma marcha mais rápida. As marchas lentas eram reservadas para corridas mais lentas pelo centro da cidade.

Da mesma forma, as pessoas ocupadas precisam ouvir a voz em seu interior. A vida às vezes pede aceleração, velocidade e eficiência. Mas um dos melhores presentes que podemos dar a nós mesmas é ficar de tempos em tempos em marcha lenta. Quando ouvimos o som de alta rotação em nossa vida, ficamos tentadas a mudar para uma marcha mais veloz. E a vida exige às vezes que façamos exatamente isso. Mas às vezes o som de alta rotação é um aviso para diminuir a marcha, ficar em marcha lenta e talvez aproveitar a paisagem.

Estou aprendendo a ouvir a voz no meu interior. Estou aprendendo a viver em marcha mais lenta quando meu motor interior começa a emperrar. Essa é uma graça que ofereço a mim mesma: conectar-me intencionalmente com Deus — em marcha lenta — antes de acelerar de novo. Esse é o único *eu* que consigo. Não tenho de me jogar no chão. Não tenho de manter um ritmo enlouquecedor. Não tenho de dizer sim só porque em geral sou capaz de operar em alta capacidade.

Você também não precisa. Às vezes a coisa mais corajosa a fazer é ouvir o motor do seu corpo quando ele diz "Preciso de descanso".

OCUPADA DEMAIS PARA NÃO DESCANSAR

Talvez você esteja pensando: *Sou ocupada demais para ficar na marcha lenta. Sou ocupada demais para descansar. Todo mundo precisa de mim.* Você se lembra daquele livro clássico sobre oração, *Cansado demais para não orar?* O mesmo princípio se aplica ao descanso.

Estamos cansadas demais para *não* descansar.

Quanto mais ocupada você é, mais precisa de descanso.[5] Para completar todas as tarefas de sua lista com sucesso talvez você precise de fato de mais tempo de quietude do que uma pessoa que não é tão ocupada quanto você.

Nem sempre é o trabalho que a atormenta. É sua falta de descanso *do* trabalho. Você não precisa desistir de tudo; mas precisa fazer uma pausa para se reabastecer. De acordo com um artigo na *Harvard Business Review*, "Um tempo de silêncio restaura o sistema nervoso, ajuda a manter a energia e condiciona nossa mente para ser mais adaptável e responsiva".[6]

O que vai ser prejudicado se você não tirar um tempo para reabastecer é o trabalho com o qual se importa tanto. (Todas as realizadoras estão agora mesmo sentadas eretas em suas cadeiras.) É verdade: a falta de descanso adequado pode atrapalhar sua criatividade e habilidade de cuidar de sua carga de trabalho. A pesquisa mostra que o maior obstáculo à criatividade é ser ocupado demais.[7] Ao descansar, você garante à sua mente preciosa a elasticidade de sonhar acordada, de devanear e de se maravilhar. Isso pode levar de fato a ter ideias revolucionárias e de progresso em seu trabalho.

Nossa vida moderna e cheia de engenhocas impede esse tipo de criatividade. Podemos enganar a nós mesmas pensando que descansamos enquanto assistimos compulsivamente à Netflix ou navegamos nas redes sociais. Podemos não perceber que nossa mente ainda está operando em marcha alta com atividades que se mascaram de descanso. Emma Seppälä, diretora de ciência no Centro de Pesquisa e Educação

---

[5] Justin Talbot-Zorn e Leigh Marz, "The Busier You Are, the More You Need Quiet Time", *Harvard Business Review*, 17 de março de 2017, https://hbr.org/2017/03/the-busier-you-are-the-more-you-need-quiet-time.

[6] Ibid.

[7] Emma Seppälä, "Happiness Research Shows the Biggest Obstacle to Creativity Is Being Too Busy", *Quartz*, May 8, 2017, https://qz.com/978018/happiness-research-shows-the-biggest-obstacle-to-creativity-is-being-too-busy/.

para Compaixão e Altruísmo da Universidade de Stanford, escreve: "Se nossa mente está constantemente processando informações, nunca temos uma chance de deixar nossos pensamentos andar livremente e nossa imaginação fluir".[8]

Em outras palavras, não sonhamos nem descansamos.

O mundo é repleto de ruído ambiente e é difícil ouvir a voz de Deus acima de tudo. Talvez fosse mais fácil se Deus fosse do tipo que grita, mas Ele é mais do tipo que sussurra, o murmúrio de uma brisa suave.[9] Se tiver muito barulho ao meu redor — mesmo que seja na forma do celular no modo silencioso —, não consigo ouvir Deus.

Lindsay Sterchi, mãe de bebês gêmeos, aprendeu do jeito difícil o que acontece quando não se tem o descanso de que precisa. Ela me disse: "Quando não descanso, não sou uma pessoa divertida de se ter por perto — pergunte para meus filhos e meu marido. Fico irritada muito rápido. Perco a perspectiva da imagem maior da vida e coisas pequenas parecem maiores do que de fato são. Fico nesse limbo em que faço os movimentos de vida, mas sem viver intencionalmente de fato".

A resposta para ela: encontrar descanso em pequenos bolsões de tempo a cada dia. "Descanso significa que, quando as crianças tiram uma soneca ou depois de irem para a cama, não vou me distrair com a televisão nem navegar pelas redes sociais, o que pode *parecer* relaxante, mas acaba sendo desgastante". Em vez disso, ela faz algo que a faz se sentir viva — sem sentimento de culpa. Os escapes dela são: ler um livro, escrever um diário ou simplesmente ficar quieta sozinha com Deus e seus pensamentos. Talvez seu escape seja assistir à Netflix, se esse for o caso, *faça isso*. Mas tenha certeza de que isso lhe dá vida, em vez de desgastar sua energia.

Nesses últimos anos, aprendi como silenciar o barulho *externo*. Meu maior desafio é silenciar a falação *interna*.

. . . .

[8] Ibid.

[9] Veja 1Reis 19:11-12.

Conheço o valor de descansar em Jesus, mas é como se meu cérebro não parasse de se movimentar em quinze direções diferentes. Controlar meus pensamentos é como tomar conta de um berçário cheio de criancinhas que acabaram de aprender a andar e vão cambaleando em direção às tomadas elétricas no lado oposto da sala.

Por exemplo, um dos lugares ao qual vou para escapar do barulho é a banheira. Encho a banheira e mergulho na água quentinha. Não tem televisão. Não tem celular. Mas mesmo aqui, minha mente continua em alta velocidade. Tenho com frequência minhas melhores inspirações para escrever na banheira, motivo pelo qual minha amiga Cheri me deu uma caixa de giz de cera de criança para usar na água. (É isso mesmo, parte deste livro foi escrito nas paredes da minha banheira.) Então, embora *pareça* que esteja descansando, na verdade continuo a trabalhar.

Deus fica me lembrando que meu cérebro precisa de descanso tanto quanto meu corpo. Solto minha mente ao simplesmente permanecer nele: "Permaneçam em mim, e eu permanecerei em vocês".[10]

Descansar em Deus serve a dois propósitos: o primeiro, o descanso permite que você se conecte intencionalmente com Deus. Ele quer se encontrar com você, e não apenas dar a você as ordens da marcha do dia. Ele quer estar com você porque gosta de você; o segundo, o descanso acalma o barulho à sua volta de modo que você consegue ouvir a orientação clara de Deus. Da mesma forma, Jesus soube ir para outro lugar, em vez de voltar para a casa de Simão, você consegue ouvir aonde Deus quer de fato que você vá quando todos estão à sua procura.

Descansar em meio a uma jornada estimulante pode parecer um absurdo. Mas se não descansamos, sofremos. Nosso trabalho é prejudicado. Você chega ao limite e fica mal equipada para dar seu melhor.

No silêncio, Deus pode revelar uma surpresa.

Foi isso que aconteceu comigo alguns anos atrás. Larguei meu emprego de meio período como professora de jornalismo em uma

---

[10] João 15:4.

Descanso

faculdade aqui perto. Eu amava lecionar ali. Amava dizer às alunas como os jornalistas são as primeiras testemunhas da história e as primeiras pessoas a compartilhá-la com o mundo. Devemos, como jornalistas, ir a coletivas de imprensa um dia e a jantares em cidades pequenas no dia seguinte porque é onde as notícias acontecem. Amava dizer às alunas como somos pagas para estar sempre de olho em uma boa história.

E como parágrafos de uma sentença surpreendem.

(Mesmo quando esses parágrafos são fragmentos em sentenças.)

Eu amava dizer às alunas como somos chamadas por Deus, como jornalistas cristãs, a ser curiosas, a fazer boas perguntas e a lutar pela palavra correta. Eu ficava feliz quando uma aluna — com as faces vermelhas de otimismo — colocava sua história mais recente virada para cima sobre a minha mesa: como se soubesse que eu tinha procurado o bastante para encontrar uma verdade universal. Amava aqueles momentos raros em que a história de uma aluna me fazia chorar — por todos os motivos corretos, louvado seja Jesus.

Mas tive de largar o que amava fazer porque fiquei muito sobrecarregada.

— Bem, o que você vai fazer agora que deixou o emprego? — Foi essa a pergunta que uma amiga me fez alguns dias depois

Presentes perfeitos para a superempreendedora em sua vida

- Um maço de lápis recém-apontados.
- Cartaz motivacional escrito à mão.
- Pacote de post-it de todas as cores.
- Qualquer coisa de uma papelaria que tenha de tudo.
- Planejador diário com guias coloridas.
- Uma camiseta estampada com os dizeres "Estou corrigindo em silêncio sua gramática".
- Este livro (ainda não domino a arte da sutileza).

de eu ter contado para ela minha decisão. Estávamos sentadas à mesa da minha cozinha, e ela se inclinou com os olhos arregalados e com as mãos em torno de uma caneca quente.

— Eu... — meus olhos dardejavam. — Bem, vou... hã... — gaguejei, tentando encontrar as palavras para apresentar uma lista de novos projetos importantes que faria. Percebi naquele momento como eu via a desistência como uma fraqueza espiritual.

Acontece que desistir pode ser a coisa que você e eu fazemos e que nos torna mais fortes. Se desistimos com intencionalidade, a desistência pode nos levar ao verdadeiro descanso — portanto, podemos ser nosso melhor em algumas poucas coisas, em vez de medíocres em um monte de coisas.

Finalmente disse a verdade para minha amiga.

— O que vou fazer? Bem, vou respirar. É isso que vou fazer.

PODA, JESUS

Naquele ano senti como se estivesse sob a tesoura de um podador, que corta o bom para abrir espaço para o melhor.

Jesus diz que Deus corta os ramos que não dão fruto, e esse tipo de poda faz sentido. "Todo ramo que, estando em mim, não dá fruto, ele corta."[11] Concordo totalmente com isso. Poda, Jesus.

Mas Jesus faz mais do que cortar os ramos improdutivos. Ele também corta os ramos bons — ramos perfeitamente saudáveis e produzindo frutos. "E todo que dá fruto ele poda, para que dê mais fruto ainda."[12] Essa poda dói. Por que cortar um galho perfeitamente bom? Porque, diz Jesus, é assim que você vai produzir ainda mais.

A estação de poda da minha vida profissional me levou a um espaço de quietude em que podia ouvir a orientação de Deus. Essa estação de

. . . .
[11] João 15:2.
[12] João 15:2.

poda, no fim, me levou a você — por meio do meu blogue, dos meus livros e do meu ministério de palestras.

Durante anos, fui repórter de jornal, produzindo bom fruto. Esse ramo foi podado. Então ensinei outros a como ser um repórter de jornal, produzindo bom fruto. Esse ramo foi podado. Você pode tirar a garota da redação do jornal, mas não pode tirar a redação do jornal dela. Porque hoje em dia estou escrevendo sobre a melhor notícia de todas: as boas-novas de Jesus Cristo.

Talvez algum dia Deus acabe por podar os livros e os blogues da minha vida. Até lá, levanto o queixo e dou um passo à frente em meu chamado. Contudo, não posso me dar ao luxo de esquecer esta verdade: quanto mais responsabilidade assumo, mais preciso de fato de descanso. Se aceito fazer algo novo, algo tem de sair da minha lista de afazeres. Qual é esse "algo"? Não pode mais ser meu descanso. Não pode mais ser minha família.

Deus podou muitos ramos saudáveis da minha vida, e eles caíram aos meus pés. É de cortar o coração ver frutos bons em uma pilha no chão. Mas, nesses momentos, de pé no meio dos ramos podados, posso abrir as mãos para receber o melhor dele em minha vida.

Só posso sentir o melhor dele quando descanso.

Às vezes, nosso melhor parece uma corrida maluca em que cruzamos a linha de chegada suados e sem fôlego. Outras vezes parece uma caminhada vagarosa.

De todo jeito, vamos com Jesus.

É SUFICIENTE

Nessa manhã meu descanso diário foi ao ar livre, em estradas de cascalho que abrem vielas estreitas entre os campos de milho e de soja. As plantações estavam amontoadas e balançavam fazendo um movimento delicado, parecia uma onda rolando devagar. Deus arranjou tudo graciosamente para eu caminhar através de mares verdes. Às vezes, nas manhãs frias como essa, coloco música em meu fone de ouvido e corro até meu pulmão não aguentar mais e minha respiração sair em rajadas curtas e quentes. Mas essa manhã, decidi caminhar apenas um quilômetro. Apenas um. Meus pés pisam em ritmo lento, um ritmo equivalente ao descanso — o tipo de descanso que me faz sonhar acordada. Penso em você. Penso sobre este livro. Naqueles minutos vagarosos com um sol laranja se levantando devagar no lado leste do céu... Deus me ajudou a desatar um nó neste capítulo, e isso foi um alívio.

Por causa do meu descanso, pude dar a você o meu melhor.

Mas algo mais aconteceu sob aquele céu amplo com cor de chamas. Enquanto caminhava, vi o que eu nunca tinha percebido antes — embora tenha corrido por essa estrada incontáveis vezes. Percebi rosas selvagens agrupadas nas margens das valas. Havia elegantes tufos de trevos salpicados aqui e ali. E como não estava com meu fone de ouvido, ouvi o que nunca tinha ouvido antes — o vento farfalhando o capim, o suspiro das árvores, os pássaros abrindo o bico e soltando trinados altos em galhos distantes... e minha respiração uniforme.

Talvez eu passe a vida correndo com frequência de um momento para o outro. O capítulo seguinte do livro. O capítulo seguinte da vida. O item seguinte da lista de afazeres. O projeto seguinte. A corrida seguinte. A tarefa seguinte. Estou muitas vezes forçando adiante, apressando, movimentando — querendo fazer melhor do que antes, ter "tudo sob controle", conseguir o domínio da minha torrente de pensamentos e provar para mim mesma que posso ultrapassar o próximo obstáculo — o tempo todo esperando poder fazer diferença neste nosso grande mundo.

Mas às vezes quando paro tempo suficiente para ouvir meu corpo, percebo que ele só quer caminhar. Ele não quer mais alcançar uma nova conquista. Ele não precisa ser útil. Só quer dar o próximo passo. E isso é suficiente. As rosas selvagens são suficientes. Os tufos de trevos salpicados aqui e ali são suficientes. Um passo à frente? É suficiente. Minha respiração uniforme? É suficiente.

Este é o risco que corro se não desacelerar: correr passará a ser algo assustadoramente rotineiro. Vou esquecer o que significa caminhar. Vou perder os mares verdes, o bocejo matinal das árvores, o sussurro silencioso de Jesus dizendo "Eu cuido disso".

Então aqui estamos, andando um quilômetro de cada vez em nosso próprio ritmo — uma corrida de velocidade, uma corrida leve, uma caminhada... um passeio vagaroso. Apenas dê o passo seguinte.

É suficiente.

Acabando com o "modo controle"

1. Faça um inventário da sua vida, observando os sinais internos e externos de que você não tem tido o descanso adequado. Marque com um círculo os que soam mais semelhantes a você.

    - Esquecimento
    - Acessos de choro
    - Irritabilidade
    - Concisão com as pessoas que ama
    - Ressentimento em relação ao trabalho que costumava gostar
    - Isolamento das pessoas
    - Falta de concentração
    - Uma sensação de "afogamento"
    - Fadiga, mesmo depois de uma noite regular de sono
    - Indecisão
    - Falta de tempo para outras coisas que ama, como amigas e longos jantares

    Se você marcou três ou mais itens, provavelmente está sob estresse de privação de descanso, que pode levar qualquer uma de nós — motoristas, devotadas e queridas — além do limite e desaguar em nosso eu sombrio. (Veja a página 235 para um lembrete do que acontece quando somos acionadas pela pressão.)

2. Pense nos limites básicos que você definiu no capítulo 9. Como você deixou sua crescente carga de obrigações ultrapassar seus limites? Comprometa-se em ficar firme em seus limites e em recuperar o território perdido. Reveja sua lista "Fazer, delegar ou descartar" a fim de arrumar espaço para o resto.
3. Eis algumas ideias para incorporar mais descanso em sua vida.

Em vez de navegar, vá passear. Todo mundo tem tempo para descansar. Como posso ter certeza disso? Porque esse é o tempo que usamos para verificar a mídia social. Deixe de lado seu celular durante quinze minutos que teria passado vendo o Instagram e, no lugar disso, faça uma caminhada.

Não deixe o seu "sim" invadir seu descanso. Se você disse sim para algo novo, avalie tudo o mais em sua lista para ver o que tem de sair. Recuse-se a colocar o descanso no altar de sacrifício.

Deixe suas missões fluírem do alinhamento da alma. Se "todos estão nos procurando", nossa alma e agenda precisam ser realinhadas para podermos ouvir as orientações claras de Deus.

Proteja o tempo livre que você já criou. Deus poda todas nós, mas as realizadoras tentam encher imediatamente os espaços podados. Proteja o espaço que Deus criou para você. Tempo ocioso é bom; na verdade, ele a faz ser mais produtiva no trabalho para o qual foi designada.

14

Garantia

PLANOS, ANSEIOS E UMA PROMESSA

Hoje estava chovendo e fiquei sentada sob a cobertura na varanda na frente da minha casa com vista para nossos campos de milho prestes a serem colhidos. Ao ficar sentada ali, pensei em você. Pensei em nós.

Estou cheia de gratidão por Jesus me deixar trilhar essa jornada com você. Estou tão contente por você ter aceitado este convite. No início, Jesus nos disse a mesma coisa que está dizendo o tempo todo: "A ajuda está aqui". Ele provou ser fiel à sua promessa.

Jesus fez uma obra poderosa no meu coração. Pensava que ia escrever este livro para *você*. Acabou que Deus estava pedindo que o escrevesse para mim também. Quando estava perto da metade do livro, pensei: *Uau. Estou na metade de um experimento sagrado com Deus e não tinha nem mesmo percebido isso.* Deus me pediu vez após vez para confiar nele e aprofundar o relacionamento com Ele. Eu não tinha percebido o quanto me privei de confiar em Deus com toda minha vida. Quando pedi a você para "acabar com o modo controle", Deus estava ocupado acabando com o modo controle na minha vida.

Minha amiga, fui um osso duro de roer.

Acabar com o modo controle às vezes é doloroso. É verdade, não posso negar o que ganhei em troca. Reclamava da intimidade com Jesus que foi perdida. E, por fim, superei aquela sensação desagradável de que se passasse um tempo com Deus estaria perdendo outra coisa. Posso dizer a você com toda honestidade: não perdi nada, não perdi coisas importantes. Esta é a verdade mais profunda: você nunca vai se arrepender do tempo passado com Jesus. E nunca vai se arrepender da decisão de confiar em Deus.

Durante minha jornada, aprendi que não era uma mulher que tinha de ser "consertada"; ao contrário, era uma mulher a quem Deus queria redirecionar. Deus nem uma vez sequer me disse para ser uma pessoa diferente, para parar de realizar ou rasgar todas as minhas listas de afazeres. Ao contrário, Ele me canalizou em uma direção mais frutífera. Agora finalmente posso abrir mão do que Deus *não* me pediu para fazer e, portanto, posso brilhar no que Ele *pede*. Estou até que enfim chegando ao meu ser essencial.

Espero que você também tenha sentido essa liberdade. Você não precisa ser mais do que é. Mas também não tem de ser menos. *Você é você*, minha amiga, *você é você*. Você tem permissão para aplicar a quantidade de esforço e, depois, se afastar para ver o que o Senhor faz.

Lembre-se disto: você entrega os resultados, mas não entrega o esforço. Deus vai chamá-la para fazer coisas difíceis, e com o Espírito dele pulsando por seu intermédio, você é mais do que capaz.

Essa manhã quando me sentei no degrau da varanda na frente de casa desejei que você pudesse estar sentada comigo ali. Dividiríamos um refrigerante e uma pipoca, conversaríamos sobre o que Jesus tem feito. Vamos imaginar por um momento que você está aqui.

Eis os assuntos que gostaria de conversar com você:

1. Planos
2. Anseios
3. Promessas

Então na última etapa desta jornada, convido você para se sentar no degrau da frente da minha casa. Vamos conversar.

Você entrega os resultados, mas não entrega o esforço. Deus vai chamá-la para fazer coisas difíceis, e com o Espírito dele pulsando por seu intermédio, você é mais do que capaz.

NOSSOS PLANOS

Vamos voltar ao tempo em que eu era repórter de jornal, quando escrevi uma série de quatro artigos em dias consecutivos sobre a situação dos Estados Unidos rural. Foi a melhor reportagem que já fiz, exigindo meses de pesquisa e entrevistas. Coloquei-me inteiramente naquele trabalho e recebi um prêmio nacional de redação pela série chamada "Campo Destroçado". O prêmio emoldurado me deixou orgulhosa, mas não de um jeito fanfarrão do tipo "consegui a aprovação deles", mas de um jeito que me lembrava do valor do trabalho com seriedade e com propósito.

Terminei a série com um ensaio pessoal dizendo, em termos inequívocos, que a vida rural não tinha nada para mim. Eu tinha meus próprios planos — e eles se desenvolviam em uma cidade, fim da história. Escrevi que não havia nenhum motivo lógico para que pudesse ter uma vida viável em meio a milharais. Bem, sabemos como *isso* acabou. Olhe a vista do degrau da frente como prova. Aqui estamos sentadas, você e eu, olhando a chuva cair suavemente nos campos da fazenda da minha família.

Deus me plantou em um lugar que eu nunca quis e onde descobri o que realmente *precisava*. Minha fé cresceu a partir de sementes minúsculas. Foi aqui que Jesus capturou meu coração errante. Estremeço só de pensar no que teria acontecido se meu ego tivesse assumido o comando e seguido em direção a seus próprios planos, em vez de se entregar aos planos dele.

Hoje, estou usando uma camiseta de beisebol com as palavras "Protegendo o rural" impressas. Se Deus quiser, estou "protegendo o rural" e o mantendo real por muitos anos por vir nesse pedacinho de Iowa. Mas sei que não posso decidir nada disso. Tudo está sob controle, mas o controle não é meu.

"Muitos são os planos no coração do homem, mas o que prevalece é o propósito do Senhor."[1]

. . . .

[1] Provérbios 19:21.

Garantia

Enquanto você examina seus planos, ofereço essas palavras gentis: minha amiga, cuide de suas sementes onde quer que elas caiam. Você nunca sabe o que pode estar crescendo, agora mesmo, em lugares inesperados.

Vamos continuar a fazer esta oração: "Deus, ajuda-me a fazer escolhas hoje que honrem teus planos para minha vida".

Não temos de parar de fazer planos, mas vamos deixar esses planos livres. Talvez olhemos em retrospectiva um dia e fiquemos aliviadas de que nossos planos bem colocados nunca se realizaram.

Alguns meses atrás encontrei um antigo diário de orações que guardei durante anos. Escrevi nomes e detalhes apenas suficientes para que quando o olhasse me lembrasse de novo pelo que orei. Folheei as páginas para encontrar alguma evidência de casamentos desfeitos, doenças sérias, hábitos prejudiciais, traições, filhos pródigos. Havia orações para um novo emprego, uma mudança de igreja e sonhos absurdamente corajosos.

Com a dádiva de olhar em retrospectiva, consigo ver a mão de Deus. Ele moveu algumas montanhas como pedi a Ele e moveu algumas montanhas mais do que achei que seria possível. Também vi que Ele não moveu todas as montanhas. Ele não dividiu todos os mares. Ele não satisfez todos meus desejos. Tampouco tirou alguns daqueles ferrões. Ainda há conflitos não resolvidos, grandes desconhecimentos e "porques" desafiadores enquanto viro as páginas do meu diário de oração.

Mas há quatro coisas ao longo dessa jornada em que começo a acreditar sobre nossas orações e nossos planos:

1. Nem um único segundo é desperdiçado quando levamos nossos desejos diante de Deus.
2. Nunca vamos nos arrepender de orar por coisas maiores do que ousamos pensar que fosse possível — o tipo de oração da qual um Deus sorridente pode comentar quando você chegar no céu: "Uau, menina, você se lembra pelo que orou lá trás? Nossa, aquela foi uma oração ambiciosa".

3. Um dia vamos agradecer a Deus por Ele nem sempre ter feito o que queríamos.

4. Ele não vai mover todas as montanhas. Ele não vai abrir todo mar, mas ainda podemos confiar nele. Um dia, o plano dele vai fazer total sentido. "Este é o Deus cujo caminho é perfeito."[2]

NOSSOS ANSEIOS

Sentada aqui no degrau da frente com você também pensei nos nossos anseios. Aposto que aqui está pelo que nós duas ansiamos grande parte da nossa vida: garantia.

Garantia de que podíamos passar por esta vida ilesas, incólumes à dor e ao sofrimento. Garantia de que podíamos oferecer esse tipo de proteção também para nossos entes queridos. Garantia de quando entregássemos tudo a Deus, tudo daria certo. Minha vida toda eu quis esses tipos de garantias, mas não existem pílulas secretas nem livros de autoajuda que possam oferecer esse tipo de proteção.

No fim, era por isso que eu queria segurar minha vida com força. Nunca quis que nada de mau acontecesse e, de algum modo, vivi sob a louca noção de que se trabalhasse duro o bastante poderia chegar mais perto de ter essa garantia.

Sim, é isso mesmo, ansiava por garantias.

Essas garantias não seriam maravilhosas? Imagine só: viemos ao mundo e recebemos uma lista de instruções para uma vida feliz e livre de sofrimento garantida. Na lista, alguém teria escrito onde encontrar o carro à prova de acidentes, a pílula mágica para evitar doenças, o antisséptico para ter mãos incontamináveis, os caminhos menos perigosos para todos os lugares, as orações certas para que tudo dê certo, a maneira mais segura de encarar as despesas, os líderes políticos certos que consertariam todas as coisas erradas.

[2] Salmos 18:30.

Mas não existem garantias como essas.

No ano em que escrevi este livro, nosso mundo destroçado provou esse ponto uma vez após a outra. Furacões, terremotos, incêndios, atentados, crises de refugiados, terrorismo e mais tragédias abalaram este planeta. Senti o desejo constante de olhar sobre os ombros para ver o que estava acontecendo atrás de mim. E se não olhasse para trás, ficava tentada a olhar adiante, esperando ter uma previsão que desse pistas de como lidar com os conflitos que despontavam no horizonte. Em alguns dias, desejei embrulhar minha família em plástico bolha e mantê-los seguros em uma fortaleza murada e com portões altos para todo o sempre, amém.

Esta vida não é segura. A maioria de nós enfrenta perdas e, se não as tivemos, teremos. Se viver o período de uma vida normal, a estrada que você segue inclui sofrimento e até mesmo seus melhores esforços para planejá-la vão falhar.

Li ontem os primeiros capítulos de um livro sobre sofrimento escrito por um de meus teólogos modernos favoritos, Tim Keller. Nele, Tim afirma que não importa as precauções que você tome, que sistemas ponha em andamento, quanto dinheiro ou poder tenha, você não pode evitar o sofrimento: "A vida humana é fatalmente frágil e sujeita a forças que estão além do nosso poder controlar. A vida é trágica", escreve Keller. Quando a dor e o sofrimento vêm — e virão — aprendemos o que suspeitávamos o tempo todo, ele diz: "Finalmente vemos não só que não estamos no controle da nossa vida, mas que nunca estivemos".[3]

Talvez essas declarações afinal façam você querer correr para a loja atrás daquele plástico bolha. Resista à tentação. A existência em plástico bolha não é vida de verdade, não é mesmo? Trata-se apenas de tentar se esconder da vida.

. . . .

[3] Tim Keller, *Walking with God through Pain and Suffering* (New York: Dutton, 2013), p. 3, 5.

Não podemos viver assim tentando imaginar como sobreviver para chegarmos ilesos ao céu. Não podemos viver como se fôssemos sobreviver a ela. Ninguém jamais sobreviveu. Todas nós viemos com data de validade e, um dia, vamos ver o que desejamos o tempo todo.

Acontece que há realmente uma garantia.

A PROMESSA

Nossa garantia é uma promessa de Deus mesmo. A garantia é que nunca vamos atravessar esta vida sozinhas — não importa quão fora de controle a vida fique, mesmo quando estamos na escuridão,

> Mesmo quando eu andar por um vale de trevas e morte, não temerei perigo algum, pois tu estás comigo (Salmos 23:4).

A garantia nunca foi que evitaríamos o vale. A garantia é que não vamos atravessá-lo sozinhas.

Que Deus faz isso? Que Deus na história dos deuses caminha de verdade com seu povo pelo sofrimento? O nosso Deus. É Ele quem faz isso. Ele fez mais que andar conosco. Ele sangrou por nós. Jesus mergulhou de verdade neste mundo para nos fornecer uma esperança real e duradoura. Ele não disse apenas algumas palavras bonitas sobre estar conosco. Ele viveu isso.

Tire um momento para ponderar a obra notável de Jesus. Absorva a potência das palavras finais que Ele disse para nós na cruz: "Está consumado" (João 19:30). Que promessa!

Em que área de sua vida você precisa saber que está consumado? Em que área de sua vida você ainda está tentando conquistar seu espaço, provar seu valor, controlar seu futuro ou conseguir o que já é seu em Cristo? Que responsabilidade você assume como sua que nunca foi sua?

"Está consumado" convida você a acabar com todo esforço.

Hoje, ouça sua vencedora dizer essas duas palavras. No grego, a frase "está consumado" é na verdade representada por uma única palavra:

tetelestai. Essa palavra significa "terminado" ou "concluído". Veja só: *tetelestai* também significa "totalmente pago". A palavra *tetelestai* era escrita nos recibos no tempo do Novo Testamento para mostrar que uma conta fora completamente paga. Um grande lembrete de que quando Jesus morreu na cruz, Ele pagou nossa dívida *por completo. Está consumado.*

Não precisamos pagar por nosso caminho.

Está consumado.

Podemos deixar de tentar com exasperação ser mais, ser suficiente, para provar nós mesmas.

Está consumado.

Muito antes de darmos nosso primeiro suspiro havia uma tremenda dívida pesando sobre nós. A ira devida a nós estava sobre os ombros dele. E Jesus, com seu último suspiro, disse as palavras "Está consumado".

Pago por completo.

Essa é a verdade impressionante da maravilha da cruz. Quando tentamos acrescentar algo a ela, estamos dizendo a Jesus: "Obrigada, mas posso fazer isso sozinha. Agradeço a agonia que você aguentou, mas não foi suficiente".

Vamos nos alongar na cruz. Vejamos o que ela é: o pagamento completo de uma dívida que tínhamos, mas simplesmente não podíamos pagar. Não trazemos nada para a cruz — a não ser nosso pecado. Não devemos nada a Jesus — além da nossa adoração absoluta. Entregamos a Ele nossa vida. Ele nos dá uma garantia. E Ele não para na promessa de eternidade, antes equipa-nos para passarmos por esta vida até o vermos face a face. Jesus nos dá o fruto do Espírito dele.

Este é o fruto que o Espírito de Deus produz em nós: "amor, alegria, paz, paciência, amabilidade, bondade, fidelidade, mansidão e domínio próprio".[4]

Passamos o livro todo falando sobre controle e parece adequado falar sobre domínio próprio antes de chegarmos às páginas finais.

. . . .
[4] Gálatas 5:22-23.

Coisas que você pode controlar

- Seu esforço
- Sua língua
- Seus pensamentos
- Sua perspectiva
- Quão boa vai ser
- O que defende
- O que não defende
- Como trata as outras pessoas
- Como trata a si mesma
- Quanto tempo consome se preocupando
- Quanto tempo dedica a Deus
- Se vai deixar os outros a colocarem para baixo
- Se vai se levantar de novo
- Quão honesta é
- Sua gratidão
- Suas reações
- Sua atitude

O domínio próprio é o último fruto, mas com certeza não é menos importante.

Eu costumava achar que o domínio próprio dizia respeito apenas a não ceder a nossos desejos — como se o principal propósito de Deus aqui fosse nos impedir de comer o pacote inteiro de biscoito de polvilho. Por causa da minha visão estreita do domínio próprio, a querida em meu interior sempre tratava essa virtude como mais uma coisa que precisava controlar. Dizia respeito a manter meus anseios sob controle, a fim de garantir que estava seguindo as regras.

Contudo, o domínio próprio é algo muito maior do que isso. Vamos dar um passo atrás e ver a imagem completa. O domínio próprio é na verdade o controle *de Deus* operando em nós. A *Concordância de Strong* define *domínio próprio* como algo "procedendo de dentro de si mesmo, mas não por si mesmo".[5] O que significa que não conseguimos isso por nós mesmas. A palavra grega para domínio próprio é *enkráteia*, cujo sentido é "virtude de alguém que domina seus desejos e paixões". Para a mulher cristã, esse tipo de domínio próprio só pode acontecer por meio do poder de Deus operando em nós.

Isso significa que temos mais controle do que jamais ousamos imaginar, com mais

---
[5] *Strong's Concordance*, verbete "enkráteia".

GARANTIA

poder para exercê-lo do que jamais pensamos ser possível. Na verdade, há de fato bastante coisa que você pode controlar. Eis algumas poucas coisas com as quais você pode começar hoje: seu esforço, sua perspectiva, quão boa vai ser, o que defende, o que não defende, como trata as outras pessoas, como trata a si mesma, quanto tempo consome se preocupando, quanto tempo dedica a Deus, se deixa os outros a colocarem para baixo, se vai se levantar de novo, quão honesta é, sua gratidão, sua atitude, suas palavras. E muito mais!

Você, minha amiga, não é impotente. Essa é a promessa de Deus em operação em você. Essa é a garantia.

Que este seja nosso manifesto:

> Hoje, recuso-me a ser detida, acorrentada, persuadida ou empurrada adiante. Estou comprometida com a agenda e com os propósitos de Deus e peço a paz divina para que possa perseguir a glória de Deus.
>
> Abstenho-me de ressentimentos inúteis, de pensamentos preocupantes, dos empurrões frenéticos ou do esforço nervoso. Quero a mente de Cristo com domínio próprio, e não a mente ansiosa do caos.
>
> Anseio por fazer escolhas todos os dias que honrem os planos de Deus para minha vida, em vez de me prender obstinadamente aos meus planos minuto a minuto. Por meio desse manifesto sentencio minha mania por controle à vida na prisão sem liberdade condicional. Dessa maneira posso ser verdadeiramente livre. Vou precisar da força de Deus para conseguir isso.
>
> Assim, venho fraca ao meu Senhor. E nessa fraqueza, sei que posso tomar emprestado a força dele. Entendo que a força que Ele me dá teve um custo alto para Ele, mas não tem nenhum custo para mim, é grátis, foi comprada na cruz. Mas Ele não se limitou apenas à dádiva da sua força. Ele também comprou com seu sangue o perdão, a graça, a esperança e o amor eterno. Todas essas

são fontes renováveis, disponíveis a cada dia para todos em necessidade (quer dizer, praticamente todas nós).

Acredito na força para hoje e na esperança cintilante para amanhã. Estou confiante que — com base nas promessas inquebrantáveis de Deus desde o início dos tempos — Ele vai prover as duas coisas.

Hoje, eu me apoio nessas garantias.

Ao inimigo, digo: hoje não, Satanás. Nem amanhã. Estou nas mãos firmes de Cristo.

A Jesus, digo: conto apenas com você. Estou com os olhos fixos em você, em vez de me distrair com minhas circunstâncias, meus problemas, minha agenda ou minhas próprias boas obras.

E não importa o que minha lista de afazeres tente me dizer, recuso-me a acreditar que estou perdendo qualquer coisa quando passo tempo com Deus.

Submeto-me a Jesus — para seus grandes propósitos e para sua grande glória.

Assinado,

Eu

TUDO GIRA EM TORNO DE JESUS

Bem, fizemos isso, não é mesmo? Deus estava certo o tempo todo: "Está tudo sob controle". Vamos fazer toda nossa vida girar *em torno dele*.

TUDO GIRA EM TORNO DE JESUS

Administrei minha vida como uma motorista ansiosa e agitada
Com suor na testa, empurrei como um lutador.
Sempre apressada para cuidar da minha família e das amigas
Enquanto tentava me manter atualizada com as últimas tendências.
E eis que surgiu uma voz suave em meu coração.
Uma voz tão diferente, com uma verdade profunda:

"Faça tudo girar em torno de Jesus".

Ainda assim, forcei um pouquinho mais (pois achei que "devia").
Servi, e doei, e guiei, e cuidei.
Fiz listas. Assumi mais. E descobri que à noite,
Estava exaurida; perdi a alegria e o deleite.
Minha vida toda era conduzida pelo "sim" e pelo "faça".
Aquela voz conversou comigo mais uma vez: "Fique calma, é verdade:

"Tudo gira em torno de Jesus"".

Então, um dia, abri mão do "devo".
Agradeci por tudo que era certo, verdadeiro e bom.
Abri mão da correria. Que cesse todo esforço.
Acendi uma pequena vela e senti uma paz acolhedora.
Enfim, vim a saber em meu coração,
Que Deus queria mais que minhas listas e minhas tabelas.

Pois tudo gira em torno de Jesus.

E que de agora em diante eu seja conhecida por minha fé no Criador
(que nunca me designou guardiã da Terra).
Dei um fim na vida cansativa de fingimento,
Meu coração quer entoar um cântico suave de entrega.
Abro minhas mãos, meu coração e minha alma,
E Deus responde: "Filha querida, tudo está sob controle".

Por fim, acredito nesta verdade atemporal:
A vida significa mais quando tudo gira em torno de Jesus.
Jennifer

Agradecimentos

Quero contar a você um segredo sobre escrever livros cristãos. Cem por cento de certeza como Jesus vai confrontar você a respeito do tópico que está tratando. O primeiro livro que escrevi foi sobre aprovação, então é claro que lutei com o desejo de aprovação. O segundo livro foi sobre a felicidade, então passei por uma fase meio embaraçosa em minha vida.

Bem, não sou nenhuma idiota. Por isso, disse a Jesus que queria escrever um livro sobre o tema de praias. Essa foi a derradeira demolição espiritual. Estava bem certa de que tinha me preparado brilhantemente para um desafio de Deus: "Então vá em frente e determine a qualidade da areia da praia em Maui e compare com a areia da praia no Tahiti". Estava claramente disposta a sofrer por Jesus.

Mas depois esqueci minha ideia do livro sobre praias. Em vez dele fui levada a escrever este aqui — porque *precisava* deste livro. Acabou que você também precisa.

Quando finalmente fui honesta a respeito da minha luta com o controle, ouvi você dizer: "Também luto com isso". A todas vocês que estiveram comigo, ofereço meu mais profundo agradecimento. A sua fala "também luto com isso" se transformou neste livro.

Agradeço a Deus por você e por estas pessoas:

Ao Scott, meu fazendeiro favorito. Sua frase assinatura: "Deus consegue isso" foi conquistada com muito esforço e a duras penas. Amo você mais do que consigo expressar.

À Lydia e à Anna. Papai e eu amamos demais vocês. Oramos para que vocês se tornem jovens mulheres que sabem que "tudo está sob controle" quando vivemos sob o senhorio de Cristo.

À Lisa Jackson. Sou profundamente agradecida a você. Nos dias mais difíceis não parava de ouvir sua voz calma de encorajamento em minha mente.

À Sarah Atkinson. Esse é nosso terceiro livro juntas! A continuação da nossa parceria significa muito para mim. Espero que este livro finalmente resolva todos seus problemas — piscadinha.

À Kim Miller. Você é uma editora genial. Tenho medo de não saber como escrever um livro sem passar a batuta para você.

A toda a equipe da Tyndale, incluindo Kara Leonino e Jillian Schlossberg (aquisições), Eva Winters (desenhista), Kristen Magnesen (marketing), Danika King (copidesque), Sharon Leavit (anja versátil — quero dizer, relações com o autor) e Maggie Rowe e Kristen Schumacher (RP).

À Lisa-Jo Baker. Não posso agradecer a você o suficiente. Você sabe a razão para isso. Sinto como se devesse a você um rim ou algo assim.

À Suzie Eller. Já tinha escrito vinte mil palavras deste manuscrito, mas encontrei a coragem de começar de novo depois de dizer a você como estava lutando com a escrita do livro. Você me perguntou: "Qual é a oferta que Cristo está fazendo a você e sua leitora?". E esse foi o ponto de partida para um novo começo.

Toda a comunidade da Hope*Writers e, em especial, ao nosso círculo Hope*Writers. Vocês estavam entre as primeiras a acreditar na mensagem e fizeram me sentir corajosa até a última palavra ser escrita.

Às minhas irmãs de vídeo (CAM) no Voxer: vocês são uma riqueza em conhecimento e amizade. Erin Odorn obrigada por nos reunir.

À Christin Lazo e à Kris Camealy. Nosso pequeno grupo de oração sempre é um lugar seguro.

Ao pastor Jo. Como posso começar a agradecer você pelas horas de consulta, oração e orientação espiritual? Você tem sido uma resposta à oração de mais maneiras do que consigo expressar.

AGRADECIMENTOS

À Kaitlyn Bouchillon. Sua sabedoria e criatividade no meu ministério on-line é incalculável. Você é uma dádiva de Deus.

À minha equipe de lançamento. A generosidade de vocês é muito mais importante do que podem imaginar. Simplesmente não conseguiria colocar este livro no mundo sem vocês. São de fato os melhores líderes de torcida da internet!

À minha família e às minhas queridas amigas. Os nomes não mencionados de vocês estão escritos nas páginas deste livro e na minha vida. Obrigada por me aturarem regularmente.

A você, minha leitora. Agradeço a você por aceitar o convite. Fico contente por termos nos encontrado ao lado da estrada poeirenta com o tanque vazio e nosso grande resgatador, Jesus Cristo.

E ao Senhor, Jesus. O Senhor me disse que podia consertar a bagunça que fiz e não estava brincando. Por sua causa, recuperei a paz que tinha esquecido ser possível sentir. Obrigada pelos lembretes incansáveis de que, não importa o que aconteça, "tudo está sob controle".

Código de Controle Contínuo

Use essa ferramenta para determinar se passou de um padrão de comportamento saudável para um não saudável. Leia as descrições para determinar sua zona saudável e, depois, considere responder conforme sugerido.

ZONA SAUDÁVEL:

- Manter a agenda ocupada sem se sentir oprimida.
- Envolver-se e desfrutar tempo com Deus; crescer na fé.
- Lidar com os estresses diários com relativa tranquilidade.
- Abordar a vida com domínio próprio.
- Sentir-se energizada e focada.
- Arrumar tempo para os outros.
- Disposição para pedir ajuda.
- Dormir o suficiente.
- Ter um bom desempenho.
- Divertir-se.

Resposta: continue assim! Continue tornando o permanecer com Deus uma prioridade. Seja proativa com as decisões.

ZONA DE ALERTA:

- Ressentir-se com aqueles que não carregam o próprio fardo.
- Ter dificuldade em abandonar padrões de pensamento preocupantes.
- Sentir-se mais ansiosa do que o normal.
- Limitar a atividade social.
- Apresentar falta de atenção.
- Ter a mente acelerada mesmo quando em repouso.
- Considerar o tempo com Deus como uma tarefa.
- Ter dificuldade para se concentrar.

Resposta: ore para Deus revelar as áreas em que precisa mudar seu padrão ou atitudes antes que isso saia de controle. Converse com alguém em quem confia!

ZONA NÃO SAUDÁVEL:

- Sentir-se irritável.
- Ter dificuldade para focar.
- Perder o domínio próprio.
- Sentir-se sem valor de vez em quando.
- Sentir fadiga, com padrões de sono piorando.
- Conviver com uma sensação de medo/preocupação.
- Negligenciar o crescimento espiritual.

Resposta: busque orientação espiritual. Reveja o que precisa "fazer, delegar ou descartar" (veja o quadro na página 246). Peça a Deus para revelar em que pontos você ultrapassou seus limites.

ZONA DE PERIGO:

- Sentir-se totalmente fora de controle com uma sensação de desgraça.
- Sentir uma sensação esmagadora de inutilidade.
- Negligenciar de maneira severa a relação com Deus.
- Mergulhar na desesperança.
- Arrepender-se de palavras e obras.
- Ofender os outros.
- Isolar-se.
- Sentir-se exausta e esgotada.

Resposta: busque aconselhamento agora. Examine com toda honestidade as responsabilidades sobre seus ombros. Peça a uma conselheira de confiança para lhe mostrar em que pontos você precisa "delegar ou descartar" (veja o quadro na página 246) e em que pontos deve "ficar firme" ou "abrir mão" (veja o quadro na página 245).

As três personagens de controle

No capítulo 4, apresentei a você a motorista, a devotada e a querida, as três personagens de controle. Identifiquei-as enquanto pesquisava e escrevia este livro. Abaixo, você vai encontrar descrições mais detalhadas de cada categoria. Esses três tipos têm motivações, pontos fortes e deficiências — pontos em que os ativos se transformam em passivos.

O mais provável é que você se veja em um ou mais desses resumos. Vai ver como é quando você se encontra em seu melhor — e em seu pior. Entender seus ativos e seus gatilhos pode ajudá-la a aprender a ficar por dentro do que tem de gerenciar e do que tem de abrir mão quando isso não serve a você nem àqueles ao seu redor.

A MOTORISTA

- **É estimulada por:** ordem externa, eficiência e objetivos.
- **Tende a ser:** planejadora, aquela pessoa que prevê as coisas, a líder de grupo.
- **Seus superpoderes:** se pedir a ela para fazer o trabalho, este é feito tão bem quanto possível. Ela, em seu melhor, consegue lidar com um monte de coisas ao mesmo tempo. É uma planejadora decisiva, focada no objetivo, confiante, metódica e com visão

de longo alcance. Permanece absolutamente comprometida com qualquer coisa que Deus a chamou a fazer.

- **Por que amamos a motorista:** no evento do Apocalipse, você vai agradecer a Deus pela motorista em sua vida. Ela é aquela com porão abastecido e estoque de água engarrafada para dois anos. Também é uma dádiva dos céus se estiver longe de casa e precisar de uma destas coisas: aspirina, curativos, caneta tira-manchas, kit de costura, chiclete, estetoscópio, chocolate, guarda-chuva ou pilha. (Todos esses itens estão na bolsa dela.)
- **Ela é motivada por:** um profundo desejo de manter tudo funcionando, manter a ordem para o bem de todos e dar o melhor ao seu chamado.
- **Sua kryptonita:** ela se abate pelos outros que não fazem sua parte ou por emergências inesperadas. Por causa de sua tendência de sempre dizer sim ao que lhe pedem e de acreditar que "porque sou capaz devo fazer", ela termina esgotada e estressada.
- **A motorista em seu pior:** é uma pessoa voltada para o trabalho que estabelece objetivos irrealistas. Sente como se tudo dependesse dela e comanda o show a fim de impedir qualquer desastre. Ela não delega porque acha que pode fazer melhor. Nem sempre "tem tempo para sentir o aroma das rosas". Como resultado de tudo isso, suas muitas responsabilidades podem deixá-la ansiosa e mandona. Ela anseia por um intervalo, mas fica preocupada com o que pode acontecer se fizer um intervalo. Por ser focada no futuro, ela tende a ficar ruminando o que *poderia* dar errado. Pode se sentir como se estivesse a um passo da tragédia ou da devastação a menos que ponha o plano apropriado em ação.
- **Hábitos idiotas de uma motorista:** talvez ela volte para casa porque está com medo de ter esquecido de desligar o forno ou ter esquecido de tirar algum eletrodoméstico da tomada. Pode concordar em liderar um comitê e, depois, se ressentir que ninguém mais se ofereceu para fazer isso.

FRASES DE EFEITO PARA UMA VIDA MAIS SAUDÁVEL:

"A preocupação não muda nada. A confiança muda tudo."

"A previsão antevê cem por cento de chance de precisar de Jesus."

VERSÍCULOS-CHAVE NOS QUAIS SE APOIAR:

Mas eu, quando estiver com medo, confiarei em ti (Salmos 56:3).

O SENHOR lutará por vocês; tão somente acalmem-se (Êxodo 14:14).

UMA ORAÇÃO DIÁRIA PARA AJUDAR AS MOTORISTAS:

"Deus amado, nunca me deixe ficar tão ocupada que não ouça sua voz."

A DEVOTADA

- **É estimulada por:** preocupação genuína com as pessoas que mais ama.
- **Tende a ser:** dedicada, generosa, leal, zelosamente amorosa.
- **Seus superpoderes:** é uma mulher sintonizada na necessidade dos outros. Ajuda com alegria no que é necessário e, em seu melhor, se sacrifica por seu desejo de ser as mãos e os pés de Jesus em um mundo necessitado de esperança.
- **Por que amamos a devotada:** ela se importa legitimamente com o que acontece em cada área da sua vida. Ela leva você ao aeroporto às quatro da manhã, lembra-se do aniversário do seu gato, manda pacotes de primeiros socorros para os filhos universitários de outras pessoas e traz sopa quando você fica doente. É o tipo de mãe que — *bendita seja!* — mata de fato o piolho antes de mandar os filhos de volta para a escola. Se você precisar de alguns destes itens, ela tem em grande quantidade à mão: livros sobre "treinamento do sono", cartões de saudação com a frase "pensando em você" escrita à mão, aquelas coisinhas de plástico que vão na tomada elétrica, protetor solar fator 700, plástico bolha para proteger as crianças.

- **Ela é motivada por:** um desejo profundo de proteger os entes queridos do sofrimento e da dor. Ela "dá uma mão" porque tem medo do que pode acontecer a você se ela não der.
- **Sua kryptonita:** quando as pessoas não precisam mais de sua ajuda ou recusam sua ajuda. Ela fica esgotada de fazer tanta coisa para os outros. Como resultado disso, tende a exagerar na ajuda aos outros, enquanto negligencia a si mesma.
- **A devotada em seu pior:** acredita saber o que é melhor para todos que ama e fica magoada se alguém toma uma decisão sem seu palpite. Sendo constantemente a ajudadora, raramente a ajudada, pode se sentir esgotada e tornar-se autoritária. Ela não é apenas uma mãe helicóptero, mas também é uma mãe cortadora de grama, preparando o caminho preferido para os filhos.
- **Hábitos idiotas de uma devotada:** pode se debruçar sobre um filho dormindo para se certificar que ainda está respirando — embora o filho já esteja no Ensino Médio. Ela pode mostrar repetidamente a seu marido como arrumar a máquina de lavar pratos, "porque se não fizer isso como ele vai aprender?".

Frases de efeito para uma vida mais saudável

"Nosso Deus, que tem o mundo todo nas mãos, também tem aqueles que amo."

"Hoje, vou deixar a fé — não o medo — ser minha primeira resposta."

Versículos-chave nos quais se apoiar:

A batalha não é de vocês, mas de Deus (2Crônicas 20:15).

No amor não há medo; ao contrário o perfeito amor expulsa o medo, porque o medo supõe castigo. Aquele que tem medo não está aperfeiçoado no amor (1João 4:18).

Uma oração diária para ajudar as devotadas

"Querido Deus, ajuda-me a lembrar que o Senhor protege meus entes queridos ainda mais do que eu."

A QUERIDA

- **É estimulada por:** ordem interior; um desejo de ser a melhor versão de si mesma.
- **Tende a ser:** aquela que segue as regras, atenta aos detalhes, focada no aperfeiçoamento pessoal; mais propensa a se controlar, ao contrário das motoristas e das devotas, que os outros.
- **Seus superpoderes:** persegue com paixão os objetivos e mantém altos padrões de integridade pessoal e comportamento. Em seu melhor, é confiável, leal, popular, bem aceita e um membro esforçado da equipe, quando bem direcionados, sua excelência e seu entusiasmo refletem o poder de Deus em operação nela.
- **Por que amamos a querida:** ela vai se esforçar muito em direção aos objetivos. Não desiste com facilidade, inspirando as outras pessoas a fazer o mesmo. Quando trabalha no modo superpoderes, ela é um excelente modelo para seus filhos. Também é a amiga que sabe que garfo usar, se o jeans justo deve ter barra virada ou não e tende a ver o melhor nos outros, sempre pronta a elogiar as pessoas a sua volta para motivá-las.
- **Ela é motivada por:** um desejo de ter mais controle interior do que exterior. É menos provável que ela tente determinar o comportamento dos outros, mas sente necessidade de ser rígida com si mesma. Tem medo do que você vai pensar dela se vir os defeitos dela.
- **Sua kryptonita:** a crítica. Sua incapacidade de cumprir todas as expectativas irrealistas que estabelece para si mesma pode levar à sensação de inutilidade.
- **A querida em seu pior:** é uma perfeccionista, uma pessoa que busca aprovação e que quer agradar os outros. Teme o abandono e tem medo de ser mediana. Embora tenda a ser confiável, ela pode às vezes procrastinar ou não cumprir o compromisso porque tem medo de falhar. Sente-se ansiosa com a pressão para realizar algo e apresenta com frequência uma versão idealizada de

si mesma. Seus padrões excessivamente altos a deixam com um sentimento de frustração e com esgotamento. Também tende a evitar situações que podem exigir vulnerabilidade.

- **Hábitos idiotas de uma querida:** é a mãe que "ajuda" os filhos a criarem a caixa perfeita para o dia dos namorados no Pinterest, deixando o resto de nós mal. Decora a própria casa para que pareça que ninguém vive ali. Presume que você não está sendo sincera quando a elogia.

FRASES DE EFEITO PARA UMA VIDA MAIS SAUDÁVEL:

"O pôster dele a meu respeito não diz: "Prove a si mesma", ou: "Esforce-se mais". O pôster dele sobre mim é amor."

"Quando não tiver tudo sob controle, vou lembrar que com Jesus tenho tudo."

Versículos-chave nos quais se apoiar:

Porque Deus nos escolheu nele [Cristo] antes da criação do mundo, para sermos santos e irrepreensíveis em sua presença (Efésios 1:4).

Quem teme o homem cai em armadilhas, mas quem confia no Senhor está seguro (Provérbios 29:25).

UMA ORAÇÃO DIÁRIA PARA AJUDAR AS QUERIDAS:

"Jesus, ajude-me a levar minha vida como aquela que acredito que o que diz é verdade."

SUA VEZ

Você sabe qual é o seu tipo?

Talvez você tenha tido um momento "ah" enquanto considerava essas três descrições. Talvez tenha descoberto algo novo sobre o que a motiva, como tenta lidar com as dificuldades da vida ou as maneiras como tem sido controlada pelo medo. Com essa informação você está preparada para fazer escolhas melhores e pegar o caminho certo a seguir quando sua mania por controle for despertada. Também espero que você faça uma avaliação melhor da contribuição maravilhosa que tem feito para o mundo ao seu redor!

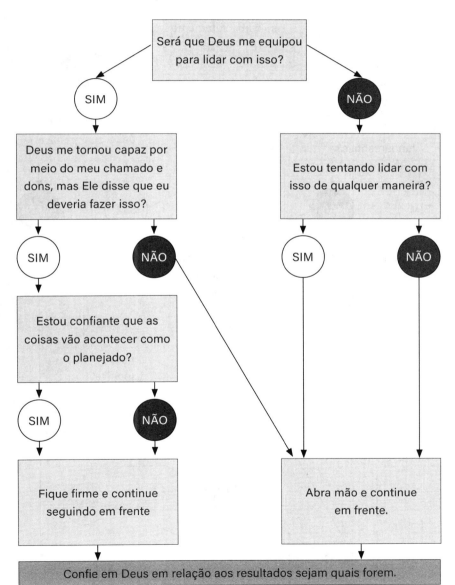

Fazer, delegar ou descartar

■ Tarefa: _____

Isso é absolutamente essencial?

SIM → **Continuar a fazer isso vai contra seus limites fundamentais?**

NÃO → **Não é essencial, mas é útil e/ou agradável?**

Continuar a fazer isso vai contra seus limites fundamentais?

SIM → **Se essencial, delegue. Caso não seja, descarte.**

NÃO → **Tenho certeza de que sou a única que pode fazer isso?**

Não é essencial, mas é útil e/ou agradável?

SIM → **Tenho certeza de que sou a única que pode fazer isso?**

NÃO → **DESCARTE**

Tenho certeza de que sou a única que pode fazer isso?

→ Não, não sou a única.

→ Outra pessoa poderia fazer isso, mas isso traz alegria e sentido para minha vida.

→ Sim, sou a única.

Não, não sou a única.

→ **Alguém está disponível e/ou pode ser treinado, mesmo que não faça exatamente como você faria?**

Alguém está disponível e/ou pode ser treinado, mesmo que não faça exatamente como você faria?

NÃO → **DELEGUE**

SIM → **DELEGUE**

FAÇA ISSO

DELEGUE

DESCARTE

Sobre a autora

Jennifer Dukes Lee também é a autora de *The Happiness Dare* [O desafio da felicidade] e de *Love Idol* [Ídolo do amor]. Ela é uma blogueira popular, escritora de cartões encorajadores da DaySpring e palestrante em conferências para mulheres pelos Estados Unidos. Suas palavras são apresentadas em inúmeros podcasts, programas de rádio, Ministérios Provérbios 31, no programa *Opinion* da Fox News, o *Des Moines Register*, no jornal *Des Moines Register* e na revista *Today's Christian Woman*.

Jennifer, ex-repórter de vários jornais do meio-oeste, ainda ama caçar uma grande história. No entanto, hoje em dia, ela prefere escrever sobre as notáveis boas-novas de Jesus Cristo.

Jennifer é conhecida por sua voz autêntica quando encoraja as mulheres a caminhar livres. Ela se apega à esperança da cruz e é apaixonada por compartilhar o evangelho por meio de histórias. Acredita em milagres; ela é um deles. Maravilha-se com a graça inexorável de Deus para as pessoas que cometem erros — pecadoras tropeçantes como ela, que são feitas inteiras por meio de Cristo.

Jennifer e o marido vivem na fazenda da família Lee em Iowa, onde plantam, criam porcos e dois belos seres humanos. Ela frequenta uma igrejinha do interior, na qual em alguns domingos você a encontra às voltas com músicas como a DJ da igreja. Ela é muito fã de chocolate amargo, emojis, música dos anos 1980, batom com brilho e consumo excessivo de pipoca assistindo à Netflix. Ela quer levar a vida de tal maneira que você não possa deixar de querer mais de Jesus.

Visite a Jennifer on-line no site www.JenniferDukesLee.com. Ela a convida a se juntar a ela no Twitter e no Instagram, @dukeslee, e no Facebook em www.facebook.com/JenniferDukesLee.

O que aprendi neste livro sobre entregar o controle a Deus

Sua opinião é importante para nós.
Por gentileza, envie-nos seus comentários pelo e-mail:

editorial@hagnos.com.br

Visite nosso site:

www.hagnos.com.br